Ejercicios de Fútbol de la Copa del Mundo

Por

Chest Dugger

Tabla de Contenido

Acerca del autor 4

Descargo de Responsabilidad 5

SOBRE EL AUTOR 6

Introducción - La Maravilla de la Copa del Mundo 8

Inglaterra – Brasil, México 1970 (Fase de Grupos) 12

Brasil – Uruguay, México 1970 (Semifinal) 21

Holanda – Suecia, Alemania Occidental 1974 28

Un breve mensaje del autor: 33

Chile – Italia, Chile 1962 (Fase de Grupos) 35

Perú – Escocia, Argentina 1978 (Fase de Grupos) 48

Turquía - Corea del Sur, Corea del Sur/Japón 2002 53

Brasil – Alemania, Brasil 2014 (Semifinal) 62

Brasil – Italia, México 1970 (Final) 69

Argentina – Inglaterra, México 1986 (Cuartos de Final) 81

Rusia – Camerún, EE.UU. 1994 (Fase de Grupos) 87

El final... ¡casi! 102

¿Un Mundial diferente? Qatar 2022 104

Acerca del autor

Chest Dugger es un aficionado al fútbol, ex profesional y entrenador que ahora quiere compartir sus conocimientos. Disfruta de este libro y de otros que ha escrito.

Descargo de Responsabilidad

Copyright © 2022

Todos los derechos reservados

Ninguna parte de este libro electrónico puede ser transmitida o reproducida de ninguna forma, ya sea impresa, electrónica, por fotocopia, escaneada, mecánica o grabada, sin el permiso previo por escrito del autor.

Aunque el autor se ha esforzado al máximo por garantizar la exactitud del contenido escrito, se aconseja a todos los lectores que sigan la información aquí mencionada bajo su propia responsabilidad. El autor no se responsabiliza de ningún daño personal o comercial causado por la información. Se recomienda a todos los lectores que busquen asesoramiento profesional cuando lo necesiten.

SOBRE EL AUTOR

Chest Dugger es el seudónimo de nuestra marca de entrenamiento de fútbol, Abiprod. Proporcionamos consejos de entrenamiento de fútbol de alta calidad, ejercicios, fitness y consejos de mentalidad para asegurar tu éxito.

Somos aficionados al deporte rey desde hace décadas. Como todos los aficionados al fútbol del mundo, vemos y jugamos al deporte rey todo lo que podemos. Ya seamos seguidores del Manchester United, del Real Madrid, del Arsenal o de los LA Galaxy, compartimos un amor común por este deporte.

A través de nuestras experiencias, nos hemos dado cuenta de que hay muy poca información para el aficionado común al fútbol que quiere llevar su juego al siguiente nivel. O hacer que sus hijos inicien el camino. Demasiada información en la web y fuera de ella es demasiado básica.

Como nos apasiona el fútbol, queremos hacer llegar el mensaje al mayor número de personas posible. A través de nuestro blog de entrenamiento, libros y productos; nuestro objetivo es llevar el entrenamiento de fútbol de alta calidad al mundo.

Cualquier persona apasionada por el deporte rey puede utilizar nuestras tácticas y estrategias.

Aquí hay un enlace a nuestra página de autor para otros libros:

https://www.amazon.com/Chest-Dugger/e/B078L131DT/ref=sr_ntt_srch_lnk_1?qid=1514547441&sr=1-1

Introducción - La Maravilla de la Copa del Mundo

Cualquier año de la Copa del Mundo es especial. Los aficionados al fútbol de todo el mundo se congregan ante sus televisores o, si tienen mucha suerte, en estadios que normalmente no visitarían. Por supuesto, el acontecimiento es aún más especial si nuestra selección nacional está presente para competir por el trofeo más importante del deporte. Pero la Copa del Mundo ofrece su propio tipo de magia incluso si nuestra propia nación no se ha clasificado.

Escogeremos un favorito para seguir, quizás el emocionante fútbol de un Brasil o Francia, o la excelencia técnica de una Alemania o España...

Tal vez nos llame la atención un desconocido: una Corea del Sur, un Camerún o incluso un El Salvador o una Australia. Casi siempre, a lo largo del torneo, algún equipo emerge, sorprendentemente, del pelotón. Como Polonia en 1974 o Turquía en 2002.

Además, no cabe duda de que habrá cierta controversia a medida que se desarrolle la competición. ¿Será posible que un árbitro amoneste a un jugador tres veces, como hizo Graham Poll en 2006?; Seguramente las nuevas tecnologías evitarán que se repita la anulación de un gol claro porque el árbitro no vio el balón cruzar la línea, como le ocurrió a Frank

Lampard cuando Inglaterra jugó contra Alemania en Sudáfrica durante uno de sus muchos encuentros en una gran competición.

Seguramente no habrá una ruptura de la disciplina de los jugadores como la que se produjo en 2006, cuando esos dos equipos llenos de talento y creatividad, Portugal y Holanda, vieron cómo cuatro jugadores eran expulsados y otros tantos se salían con la suya. O la Batalla de Santiago, mencionada en otra parte de este libro.

Nuestra esperanza para cualquier torneo es que veamos más que nuestra cuota de goles y grandes partidos. ¿Se repetirá la semifinal entre Italia y Alemania Occidental de 1970? Bueno, no, porque Alemania Occidental ya no existe como nación, e Italia no se ha clasificado (sorprendentemente), pero el punto sigue siendo válido. O el Bélgica contra la Unión Soviética de 1986. De nuevo, definitivamente no. Por razones similares a las anteriores. Pero dondequiera que se celebre un torneo, algunos partidos (y a menudo son inesperados) incendiarán el mundo del fútbol.

Al igual que uno o dos jugadores. En 2026, ¿algunos de los grandes nombres del planeta seguirán siendo capaces de competir al más alto nivel? Kevin De Bruyne, Robert Lewandowski, Cristiano Ronaldo y Lionel Messi seguirían mejorando cualquier equipo del planeta. Pero la edad les alcanza. ¿Cómo es que un talento tan fenomenal como George Best nunca tuvo la oportunidad de jugar en un Mundial? ¿Cómo es que ese asombroso grupo de húngaros, Los Poderosos Magiares, nunca levantaron el trofeo? Esa es otra de las alegrías del fútbol. No siempre triunfa el mejor. En el caso de Best, o por poner otro ejemplo, de George Weah, incluso se les negó la oportunidad de adornar el mayor escenario de todos.

Los recuerdos de los aficionados al fútbol brillan con el resplandor de los mejores momentos del Mundial. En este libro se celebran diez de los más grandes. A veces polémicos, a veces catastróficos, a menudo brillantes. Analizamos estos acontecimientos ante la proximidad del vigésimo segundo torneo. Además, ofrecemos ejercicios para que los jugadores y los entrenadores, jóvenes y mayores, disfruten mientras reproducimos tanto los acontecimientos como las habilidades que crearon estos espectáculos, en las siguientes páginas.

Inglaterra – Brasil, México 1970 (Fase de Grupos)
La Parada de Banks

¿Qué hace que un cabezazo sea perfecto? Primero, la precisión. Luego la potencia. Un gran cabezazo señala un córner. Será hacia abajo, y si el jugador tiene la habilidad, rebotará justo delante de la zambullida del portero, ya que un esfuerzo bajo que rebota un pie antes de las manos extendidas del portero es casi imparable. ¿Qué impide que el cabezazo perfecto se convierta en gol? Una brillante actuación del portero.

En 1970 Pelé era el mejor jugador del planeta. Podría decirse que es el mejor jugador que el mundo ha visto hasta la fecha. Los que no están de acuerdo con esto suelen ser los que no lo vieron en el Mundial de 1970. Pocos jugadores en el mundo podrían haber realizado el cabezazo que fabricó contra Inglaterra en ese torneo. Pelé se eleva a gran altura, a diez metros de distancia, y se eleva por encima de su defensor. El centro es profundo, pero también tiene velocidad. Con un equilibrio perfecto, se dirige hacia abajo, con los músculos del cuello tensos, y conduce el balón hacia la portería. Los brasileños en el público ya lo están celebrando, los ingleses se desesperan. Los ingleses son mejores, y este es el partido que se considera entre los dos mejores equipos del mundo. Levantar este trofeo podría darles el derecho de presumir que obtienen los ganadores. En muchos sentidos, es una parodia que este partido se celebre tan temprano en el torneo. Pero no hay ninguna clasificación que impida que se produzca.

De hecho, la eventual victoria de Brasil en este partido, gracias a un trallazo de Jairzinho a mediados de la segunda parte, puede ser lo que les ayude en su camino hacia la gloria final, aunque en términos de oportunidades Inglaterra probablemente se imponga. Ambos se clasificarán en el grupo, aunque Inglaterra sucumbirá después ante Alemania Occidental y la intoxicación alimentaria. Sin embargo, ganar el grupo es importante. A los perdedores les espera la doble amenaza de Alemania Occidental e Italia, antes de volver a enfrentarse en la final. A los ganadores de grupo les esperan partidos aún difíciles, pero relativamente más fáciles, contra Perú y Uruguay. El héroe del partido en cuestión, Gordon Banks, no puede jugar en ese cuarto de final contra la selección de Alemania Occidental, pero aun así Inglaterra parece ir a toda velocidad cuando un error de su suplente, Peter Bonetti, vuelve a meter a Alemania en el partido. Geoff Hurst, héroe de la tripleta de la final de 1966, parece haber asegurado victoria, pero el gol es anulado. A día de hoy, nadie sabe muy bien por qué. Después, Alemania se impone en la prórroga.

Ejercicio: Cabezazo de Pelé

Tanto los entrenadores como los jugadores aprendemos cada vez más sobre los peligros de las lesiones por conmoción cerebral causadas al cabecear el balón. Al mismo tiempo, aunque el cabeceo sigue siendo una parte integral del juego, debemos asegurarnos de que la técnica es buena para minimizar las lesiones. Este es un buen ejercicio para cabecear, pero los jugadores no deberían hacer más de dos o tres intentos durante una sesión.

Usar con: jugadores jòvenes mayores que pueden cabecear el balón, y adultos.

Objetivos:

- Ataque al balón
- Cabecear hacia abajo y hacia la esquina
- Utilizar la energía

Equipamiento: Balones, conos.

Funcionamiento del ejercicio: El entrenador alimenta los centros con un lanzamiento plano. El delantero corre hacia el balón y se eleva junto a los conos (que representan a un defensor). El atacante se dirige hacia abajo, utilizando un movimiento de cabeza y manteniendo los músculos del cuello rígidos para impartir la potencia. El siguiente jugador toma su turno. El entrenador debe ofrecer comentarios sobre la seguridad y la técnica.

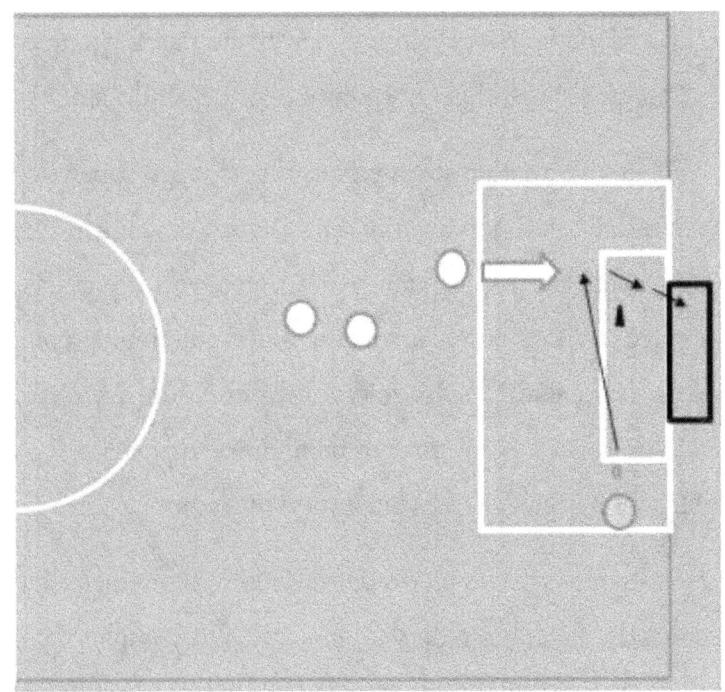

Habilidades clave:

- Cronometrar la carrera
- Utilizar los brazos para conseguir altura en el salto
- Cabecear utilizando el centro de la frente, los músculos del cuello firmes, y empujar la cabeza hacia adelante en un movimiento de picoteo para impartir fuerza
- Cabecear abajo buscando un objetivo a un metro de la portería
- Apuntar al primer palo (para replicar el cabezazo de Pelé)
- Dirigir el hombro principal en la dirección en la que debe viajar el balón

Desarrollo:

- No debería haber ningún desarrollo aquí, ya que dos o tres intentos son suficientes por razones de seguridad

Es tal la brillantez de la parada que sigue al cabezazo de Pelé que nos vendrá bien un poco de contexto. Banks, de camisa azul, sale de la nada. Ya había hecho un buen partido, con varias paradas excelentes. Ahora corre hacia su portería, lo suficientemente rápido como para tener tiempo de colocarse cuando Pelé golpea el balón. Esta velocidad es el resultado de horas y horas de entrenamiento. Su posición, bajo la presión del centro, es perfecta. Eso es tan importante como la parada que le sigue.

Se encuentra a un metro de su línea, y ahora dirige su zambullida hacia su poste derecho. No es un lanzamiento completo, sino de forma controlada, lo que le da la oportunidad de levantar los guantes y empujar el cabezazo hacia fuera. El cabezazo de Pelé es realmente perfecto, una bala absoluta mejorada por una precisión milimétrica. Es tan perfecto que, cuando Banks lo desvía, el balón está a un metro del suelo. Lo más increíble de la parada es la capacidad de Banks para hacer frente a este elemento del esfuerzo. Tuvo que ajustarse los guantes en una fracción de segundo para hacer frente al balón que rebotaba alto. A menudo vemos grandes paradas en las que el portero se ha lanzado en picado, y acaba de alcanzar el balón en plena carrera. Banks hace esto, pero con la dimensión añadida de ajustar la posición de su brazo en el último momento. Algunas vistas muestran la reacción de Pelé. Da unos pasos hacia atrás, con los brazos levantados primero en señal de celebración y luego de asombro.

La parada ocurrió hace más de medio siglo y sigue siendo considerada la mejor de todos los tiempos.

Ejercicio: Salvada de Banks

Como el esfuerzo es con un cabezazo, este es un ejercicio demasiado peligroso para recrearlo exactamente. Por lo tanto, un jugador se pone de pie sujetando el balón y, siguiendo las instrucciones del entrenador, lo lanza con fuerza contra el suelo. Esto tiene la ventaja añadida de ser más preciso y hacer que el ejercicio sea más útil para el portero.

Usar con: Todos los porteros

Objetivos:

- Cruzar la meta con velocidad
- Bucear observando el balón, y manteniendo los brazos listos para reaccionar
- Mover los brazos hacia la dirección del balón lo más tarde posible para realizar la parada, con el fin de compensar el rebote.

Equipamiento: Balones, portería.

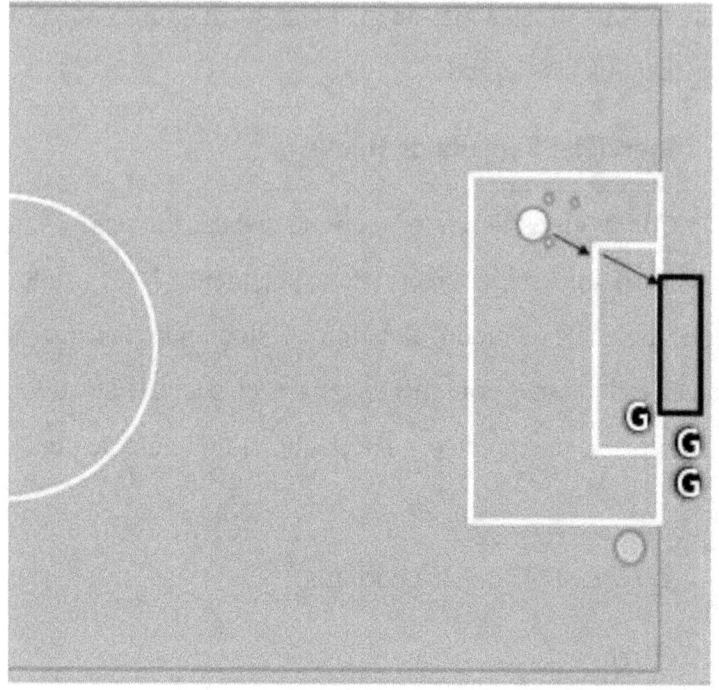

Funcionamiento del ejercicio: El entrenador se sitúa en el borde del área penal. El portero se sitúa en el primer palo. El entrenador dice: "Vamos, uno, salta". Al decir "vamos", el guardameta se gira y corre a través de su línea de meta; al decir "salta", el jugador que sostiene el balón se limita a lanzarlo al suelo, reproduciendo el cabezazo y empleando toda la fuerza posible. El portero intenta realizar la parada. Dispón de varios porteros alineados y de varios balones para garantizar el ritmo del ejercicio.

Habilidades clave:

- Correr con fuerza

- Comprometerse totalmente con la inmersión, pero mantener el control de los brazos al no extenderlos totalmente en la inmersión
- Vigilar el balón
- Levantar los brazos lo más tarde posible para interceptar la trayectoria ascendente del balón.

Desarrollo:

- Con los porteros más jóvenes, añade un elemento de competición asignando notas sobre cinco para cada elemento de la parada, velocidad a través de la portería, control en la zambullida, colocación de los brazos y reacción al balón.

El siguiente clip incluye otros elementos de la memorable actuación de Banks ese día. La parada en cuestión comienza a los cincuenta segundos.

Buscar: Gordon Banks is saved against Pele:

YouTube (https://www.youtube.com/watch?v=ezilIMJOuo)

Brasil – Uruguay, México 1970 (Semifinal)

El increíble Pele – El amague

Esta sorprendente selección de Brasil sigue avanzando en el torneo. Además de la ajustada victoria sobre Inglaterra descrita en el capítulo anterior, derrotan a Checoslovaquia y Rumanía para ganar el Grupo 3 con un récord del cien por cien, y luego se enfrentan a Perú en los cuartos de final. Este es uno de los partidos más entretenidos de la que es una de las Copas del Mundo más entretenidas de la historia. En los noventa minutos se producen cuarenta y nueve disparos a puerta, seis de los cuales llegan al fondo de la red. Como Brasil marca cuatro de ellos y se mantiene por delante una vez que se pone por delante al principio, es una victoria relativamente cómoda por toda la emoción.

Esta delantera brasileña es, sin duda, la unidad de ataque más excitante que jamás haya aparecido en una final de la Copa del Mundo; ha anotado la increíble cifra de diecinueve goles en sus seis partidos, actuando a la altura y sin enfrentarse ni una sola vez a una de las selecciones más modestas del mundo. La filosofía del equipo es marcar más que sus rivales, y todos los jugadores de campo están dotados de una habilidad futbolística en abundancia. Quizás otros equipos hayan sido más sólidos defensivamente, pero con jugadores como su capitán Carlos

Alberto, Tostao, Rivelino, Jairzinho y Gerson es difícil pensar en un grupo de futbolistas más emocionante.

Luego, por supuesto, viene la guinda del pastel. El incomparable Pelé.

Durante la semifinal contra Uruguay, el número 10 realiza una obra de arte de una audacia impresionante. En muchos aspectos, el intento de gol recuerda a la táctica actual. El balón se gana dentro del campo uruguayo y se pasa a Tostao. Se inyecta velocidad y se da un pase perfecto a Pelé, que corre como una gacela hacia el espacio. El portero se acerca y, en el borde del área, sin romper el golpe, Pelé simplemente y deliberadamente pierde el balón. No hay una elaborada caída del hombro, ni un paso lateral tras el amago. El genio no hace más que cruzar y pasar el balón. El portero está completamente desconcertado, pero la velocidad con la que Pelé cambia de rumbo una vez que él y el balón han tomado caminos distintos más allá del portero demuestra que se trata de una táctica definitiva. Pelé cambia de dirección y acelera quince metros hacia el balón, que ahora corre hacia la línea de banda, más cerca del banderín de córner que la portería. Gira el cuerpo y lanza su disparo al otro lado de la portería, eludiendo la desesperada arremetida de un defensor en la línea.

Agónicamente, el balón se desvía por el segundo palo. Es casi uno de los mejores goles de la Copa del Mundo de todos los tiempos.

Ver la jugada: PELE - EL GOL QUE NO INGRESÓ

YouTube (https://www.youtube.com/watch?v=zSyGz8bBrzA)

Ejercicio: Pase de Tostao

La habilidad de Tostao es ejemplar aquí, así como su visión. En primer lugar, utiliza el control de proximidad para crearse un espacio y, a continuación, realiza un pase perfecto entre los defensas centrales para crear la ocasión de Pelé.

Usar con: Todas las edades y habilidades.

Objetivos:

- Utilizar el primer toque y el control de cerca para irrumpir en el espacio
- Intentar un pase entre los defensores hacia el atacante en carrera
- Terminar con un tiro cruzado a la portería (veremos el amague más adelante)

Equipamiento: Balones, portería, conos, maniquíes.

Funcionamiento del ejercicio: El ejercicio se desarrolla en tres etapas; los jugadores pasan de la etapa uno a la dos y a la tres después de cada recorrido. De este modo, practican el avance corto original, el control y el pase cercanos, y el remate. También se necesita un portero para el ejercicio.

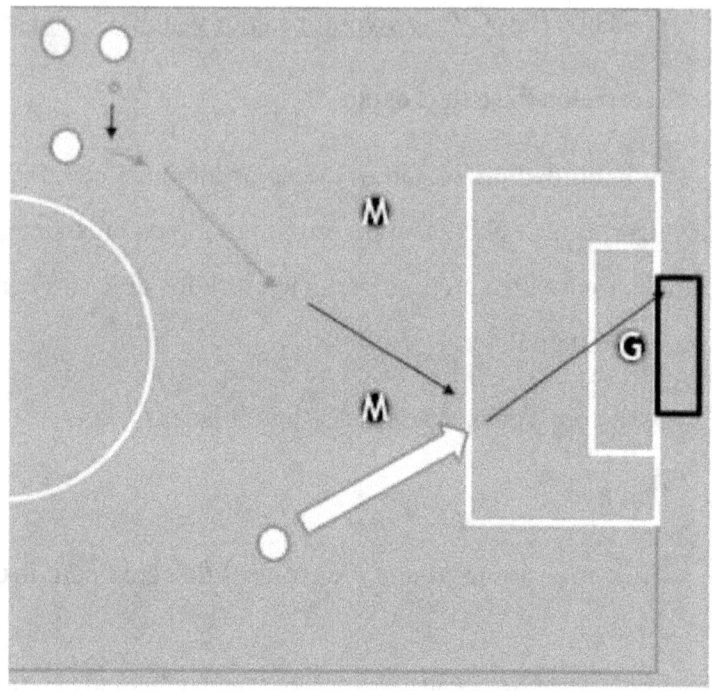

Habilidades clave:

- Pase corto controlado con el empeine
- Primer toque para llevar el balón hacia adelante, pero bajo control. Relajar el empeine en el contacto para empujarlo hacia adelante una corta distancia
- Utilizar el empeine para ponderar el paso por los maniquíes
- Termina con un primer disparo, apuntando a la esquina más lejana.

Desarrollo:

- Sustituir los maniquíes por defensores reales.

Ejercicio: El amague de Pelé

El secreto del amago de Pelé aquí es que no hace nada en absoluto que sugiera que va a dejar el balón; no baja el hombro ni da un paso por encima, simplemente no juega el balón.

Usar con: Todas las edades y habilidades, funciona especialmente bien con menores de 13 años.

Objetivos:

- Intentar un pase perfecto
- Esprintar hacia el balón
- Cuando la pelota se desplace, desacelerar rápidamente y utilizar el equilibrio para cambiar de dirección
- Golpear el balón mientras al alejarse de la portería.

Equipamiento: Balones, portería, conos.

Funcionamiento del ejercicio: Se trata de un ejercicio competitivo en el que dos parejas de jugadores compiten para ver quién puede marcar más rápido. Los equipos parten de lados opuestos del campo. Un cono marca la zona del "amague" en la que se debe hacer el amague. Una vez hecho el amague, el jugador trata de marcar lo más rápido posible. Intercambia los papeles a medida que avanza el ejercicio.

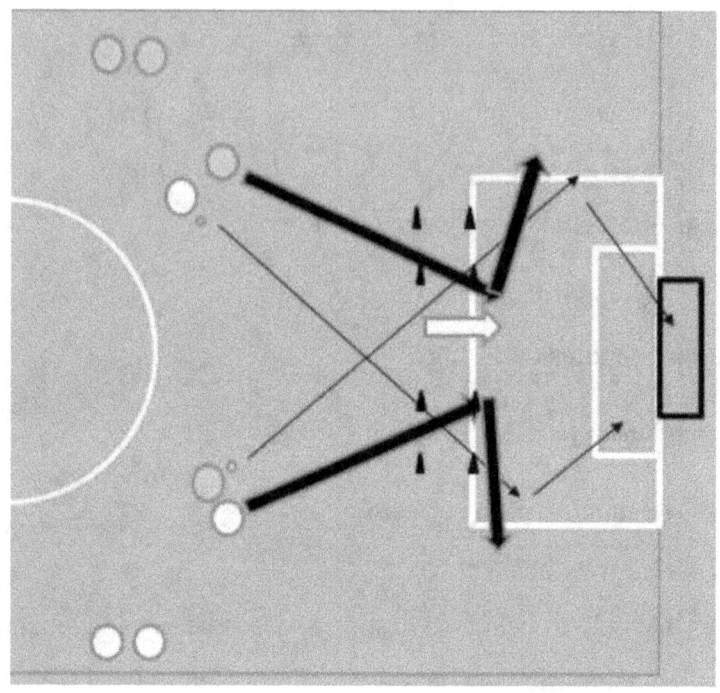

Habilidades clave:

- Intentar el pase
- No hay pérdida de velocidad en el amague, por lo que se necesitas un gran equilibrio y aplomo
- Bajar el cuerpo para cambiar directamente
- Envolver el balón con el pie para disparar a portería
- Utilizar los brazos para mantener el equilibrio.

Desarrollo:

- Sustituye la portería grande por dos pequeñas y coloca un portero en cada una.

Holanda – Suecia, Alemania Occidental 1974 (Fase de Grupos)//
El giro de Cruyff

En 1974 la estrella de Brasil está en declive. El país está plagado de disturbios políticos y el Gobierno de línea dura es impopular. A pesar de tener sólo treinta y tres años, Pelé se niega a ponerse a disposición de la selección: más tarde revela que lo hace para protestar contra el uso de la tortura por parte del Gobierno. Hoy en día, no es raro ver a un jugador de fútbol hacer una declaración o una postura política, pero en aquella época es algo extremadamente raro.

Los futbolistas están hechos para patear balones, no para desafiar a sus líderes políticos. De hecho, se presionó mucho a Pelé para que estuviera disponible para viajar a Alemania Occidental para el torneo. Él se mantuvo firme y se negó.

Una nueva y brillante selección está dispuesta a sustituir a Brasil como el mejor equipo del planeta. Los holandeses. Con su modo de jugar al fútbol, jugadores competentes, capaces y dispuestos a actuar en numerosas posiciones por todo el campo, es difícil que no levanten el trofeo.

Pasan por la primera fase de grupos ganando dos y empatando con Suecia. El formato de este torneo en particular es extraño. Se forman dos grupos de cuatro equipos a partir de los ganadores y subcampeones de los cuatro grupos iniciales. Los ganadores de estos dos grupos se disputaron la final y el segundo, tercer y cuarto puesto. (Lo cual es, para los aficionados a la trivia, el primer partido de la Copa del Mundo que pudo llegar a los penaltis. Hasta 1974, si no había otra vía para decidir un partido eliminatorio, éste se dirimía por sorteo. Eso sí, la posibilidad de una tanda de penaltis era realmente remota. En primer lugar, el partido tendría que ir a la prórroga, luego a la repetición, luego a la prórroga de la repetición, antes de que finalmente los jugadores pudieran pasar a lanzar un penalti. Los medios de comunicación se enfadaron mucho en aquel momento por la posibilidad de que el Mundial se decidiera en la lotería de una tanda de penaltis. Mucho mejor la lotería de tirar pajitas).

El último partido de cada uno de estos grupos de la segunda fase resulta ser una semifinal. Holanda vence cómodamente a Brasil y Alemania se impone a la sorpresa del torneo, Polonia.

En la final se enfrentarán la brillante Holanda, que con su uniforme naranja es un faro para el deporte rey, y la selección local, una Alemania Occidental un tanto adusta y poco emocionante, que ya había perdido contra sus vecinos de Alemania del Este en la primera fase de grupos. Los holandeses se adelantan con un penalti y los alemanes responden con uno propio, antes de adelantarse en el marcador justo antes del descanso. La segunda parte es un anticlímax, sin más goles.

En el corazón de este brillante, pero voluble equipo holandés se encuentra un espigado joven de veintisiete años, Johann Cruyff. Se acepta ampliamente que ha tomado el manto de Pelé como el mejor jugador del mundo. Durante el empate a cero contra Suecia (el único de los siete partidos de Holanda en el que no marcan) realiza una jugada de increíble audacia. Una jugada que será imitada por todo el mundo, desde los compañeros de profesión hasta los niños del patio del colegio. Se convertirá en su marca epónima. El giro de Cruyff.

Ejercicio:

Varias parejas pueden trabajar en este ejercicio simultáneamente.

Usar con: menores y mayores de ocho años con mucho talento y menores y mayores de 11 años.

Objetivos: Utilizar el pie trasero para enganchar el balón 180 grados y acelerar lejos del adversario.

Equipamiento: Balones, conos.

Funcionamiento del ejercicio: Colocar conos en lados opuestos del campo. El jugador corre con el balón hacia los conos, completa el giro Cruyff y pasa al otro lado del campo para que su compañero complete el ejercicio. Repetir.

Habilidades clave:

- Presentar el cuerpo entre el balón y el adversario (cono)
- Utilizar los brazos para ganar equilibrio y protección
- Regatear lentamente en una dirección

- Enganchar el pie exterior alrededor del balón y arrastrarlo por debajo del cuerpo
- Dejar caer el cuerpo y acelerar hacia el balón.

Desarrollo:

- Sustituir el cono por un defensor
- Con los jugadores avanzados, el pase original es largo, alto y en ángulo para mejorar el control del primer toque.

Un ejemplo del giro de Cruyff contra Suecia puede verse en: Brilliant Cruyff vs Sweden, incl. the Cruyff turn #WorldCup74

YouTube (https://www.youtube.com/watch?v=WJKrwA5sA4Q), junto con otros toques notables del maestro en ese partido del Mundial.

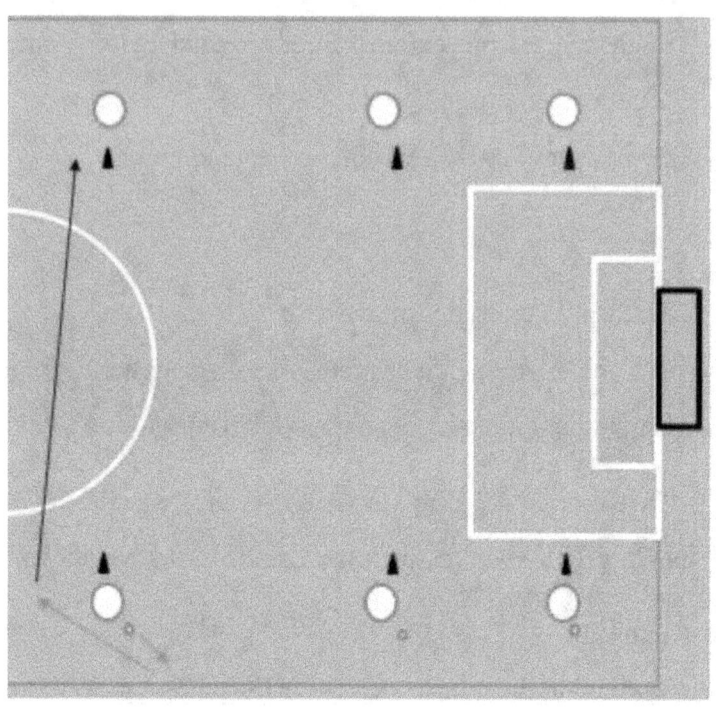

Un breve mensaje del autor:

¿Te está gustando el libro? Me encantaría conocer tu opinión.

Muchos lectores no saben lo difícil que es conseguir reseñas y lo mucho que ayudan a un autor.

Customer Reviews

☆☆☆☆☆ 2
5.0 out of 5 stars ▾

5 star		100%
4 star		0%
3 star		0%
2 star		0%
1 star		0%

Share your thoughts with other customers

Write a customer review ⬅

See all verified purchase reviews ›

Te agradecería muchísimo que te tomaras sólo 60 segundos para escribir una breve reseña en Amazon, ¡aunque sólo sean unas pocas frases!

Gracias por tomarte el tiempo de compartir tus opiniones.

Tu reseña marcará realmente la diferencia para mí y ayudará a dar a conocer mi trabajo.

Chile – Italia, Chile 1962 (Fase de Grupos)

La Batalla de Santiago - Cuando falta la disciplina

Ken Aston era un buen hombre. Un héroe de la Segunda Guerra Mundial, donde acabó siendo teniente coronel, un profesor con talento y una figura reformadora entre los responsables de oficiar el maravilloso juego del fútbol. Fue el primero en llevar el tradicional uniforme negro con su ribete blanco, el creador del "cuarto árbitro", el responsable de que la uniformidad de la presión del balón se especificara en las leyes y la persona que introdujo el sistema de tarjetas rojas y amarillas.

La historia que hay detrás es interesante. Antes de que se expidieran las tarjetas, un jugador no siempre estaba seguro de si había sido amonestado o no. En el Mundial de 1966, el inglés Jack Charlton tuvo que ponerse en contacto con la FA para saber si había sido amonestado en un partido contra Argentina.

Sin embargo, no todos los momentos de la vida de Ken Aston fueron tan buenos, porque el 2 de junio de 1962, salió ante 66.000 hinchas partidarios en el ambiente febril del Estadio Nacional en Santiago para arbitrar a los anfitriones del torneo contra Italia.

Hay un conocido clip del partido, en el que un joven comentarista de carrera, nada menos que David Coleman, se dirige a su público.

Coleman resultará familiar a los lectores apasionados por el fútbol inglés y con un cierto número de años a sus espaldas. Coleman está indignado por las escenas que se van a mostrar. Se manifiesta en contra de los dos participantes, con el innegable subtexto de que los británicos nunca, jamás, actuarían de esa manera. Sostiene que ambos equipos deberían ser expulsados del torneo, y que todo el futuro del fútbol está en peligro. Estamos en un momento de gran incertidumbre mundial. La crisis de Bahía de Cochinos ha confirmado (a ciertos tipos) que no se puede confiar en ningún extranjero; para los del bando de los aliados de la Segunda Guerra Mundial, los italianos siguen intentando recuperar su lugar en la mesa de la civilización y, en cuanto a Chile... bueno, todavía había rabia por haber ganado el derecho a organizar el torneo en primer lugar. Sólo porque toda Sudamérica amenazó con boicotear la competición a menos que una de sus naciones obtuviera el derecho a celebrarla, no acabó, una vez más, en las costas europeas. En 1962 la gente no sabía mucho de Chile. Lo más probable es que ganara el derecho a organizar la fase final (derrotando a Argentina al hacerlo) por el compromiso de la FIFA de promover el fútbol en el mundo en desarrollo.

Lo que resultó en Sudamérica es un asunto violento, con varios partidos empañados por problemas en el campo. Brasil ganó la competición, y los anfitriones terminaron terceros. Sin embargo, fue un partido en particular por el que se recuerda el torneo. Ese es el juego que está registrado en la historia con lamentable exactitud: la Batalla de Santiago.

Los preparativos para el partido no auguraban nada bueno. Parecía que la intención de la nación italiana era crear problemas. En su primer partido contra Alemania Occidental, un empate a cero, la lucha libre se impuso al fútbol. De cara al segundo tiempo, contra los anfitriones, un par de periodistas habían escrito un artículo escandalosamente incendiario contra toda la nación chilena. Los periódicos italianos ya criticaban el hecho de que el torneo se celebrara en Chile. Ahora estos periodistas afirmaban que el país estaba atrasado, y orgulloso de serlo. Que Santiago no era más que un vertedero plagado de prostitución, que no quería ni podía hacer frente a su pobreza.

Los artículos fueron empleados por el equipo local para motivar tanto a sus jugadores como a sus seguidores dentro del estadio. Todo comenzó en cinco minutos, mientras Ken Aston intenta desesperadamente separar a los jugadores que se dan patadas y se lanzan puñetazos. A los ocho minutos se expulsa al primer italiano. Esto no contribuye a calmar las emociones. Un jugador italiano llamado David es derribado por un puñetazo deliberado. Es flagrante, claro y, sin duda, dado en respuesta a, en el contexto del juego, una falta relativamente inocua. Aston no hace el 10 contra 10, debería, pero quizás el ambiente está tan inflamado que teme las consecuencias de expulsar a un chileno. La policía, con sus largos abrigos militares, ya ha intervenido.

David decide tomarse su propia venganza con una patada en la cabeza a un rival. Los italianos se quedan con nueve, y ni siquiera se ha llegado al descanso. Para ser sinceros, ya deberían ser cinco por bando, y el partido abandonado.

Chile toma finalmente la delantera en el último cuarto y la dobla a falta de tres minutos. Incluso los fotógrafos han renunciado ya a cualquier guiño a la disciplina y se precipitan al campo para fotografiar al autor del gol. Mientras tanto, la violencia continúa y Aston no puede hacer nada al respecto. No volverá a arbitrar un partido de la Copa del Mundo... es difícil ver, para ser justos, cómo cualquier árbitro podría actuar mejor, aunque su costumbre de intervenir físicamente cuando los jugadores transgreden probablemente no ayuda a calmar las emociones.

Para ser sinceros, el juego no es fútbol, aunque desde una distancia de sesenta años es divertido ver los momentos más destacados. Sin embargo, nos ofrece una buena oportunidad para pensar en cómo defender de forma justa, sin dejar inconscientes a nuestros oponentes.

Ejercicio: Evitar dar una patada en la cabeza a un adversario interponiéndose entre el jugador y el balón

Este es un ejercicio que los delanteros centro tradicionales agradecerán. Se utilizan maniquíes en lugar de defensas reales, para evitar el riesgo de lesiones, y el ejercicio también ayuda al primer y segundo toque. El objetivo es controlar el balón antes de que llegue al defensa, lo que evita la necesidad de un desafío precipitado. Una acción que casi siempre se traduce en un tiro libre. O si, como en el caso de Italia contra Chile, el desafío se hace con la cabeza levantada, una tarjeta roja.

Usar con: Menores y mayores de 10 años, sólo se permite el cabeceo como medio de control o de desmarque cuando el grupo de edad está autorizado a usar la cabeza en un juego y se evitan las repeticiones de cabeceo.

Objetivos:

- Anticipar el vuelo del balón
- Colocarse rápidamente en posición para impedir que el defensor llegue primero al balón
- Usar los brazos para protegerse de un desafío por detrás
- Utilizar un primer toque para proteger el balón
- Desplazarse con un buen segundo toque.

Equipo: Balones, maniquíes.

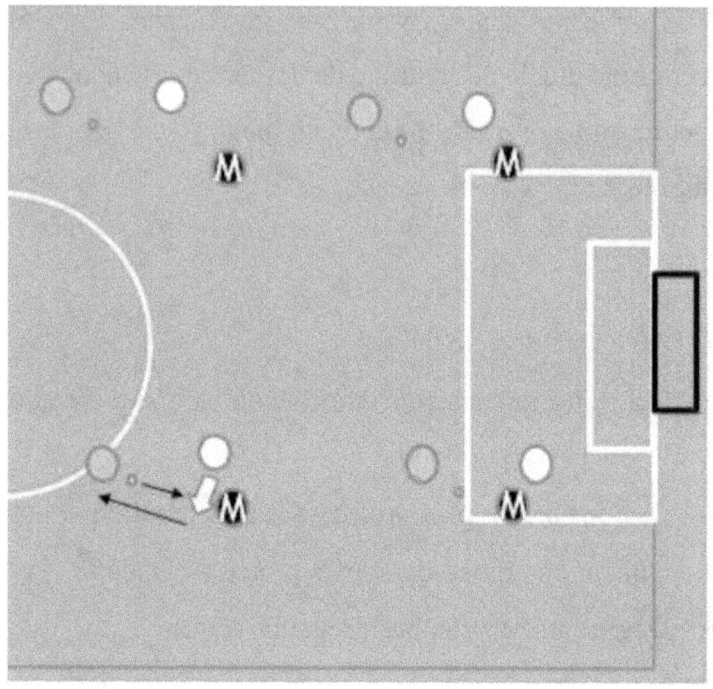

Funcionamiento del ejercicio: Los jugadores trabajan por parejas, cada una con un balón y un maniquí. Varias parejas pueden practicar simultáneamente. Un jugador lanza el balón hacia el maniquí, variando la altura y velocidad, aunque siempre lo suficientemente lenta como para que su compañero llegue al balón antes de que éste llegue al maniquí. El receptor utiliza varias partes del cuerpo, el pie, el muslo, el pecho, la cabeza, para controlar el balón antes de dar un pase al alimentador.

Habilidades clave:

- Mantener los ojos en la pelota
- Colocarse en posición rápidamente

- Una vez en posición, bajar el cuerpo ligeramente, sobresaliendo un poco el trasero y separar los brazos para ofrecer el máximo equilibrio y protección al balón.
- Control con un fuerte primer toque:
- Pie: dejar caer el pie al entrar en contacto con el balón y dejar que éste rebote aproximadamente medio metro por delante del cuerpo; la cabeza sobre el balón. Asegúrate de que el primer toque aleja el balón del maniquí.
- Pie fuera del suelo: amortiguar el contacto para que el balón quede cerca del cuerpo; moverse rápidamente hacia el balón desplazando el peso sobre el punto de contacto
- Muslo: dejar caer el muslo para que el balón rebote sólo un poco; ajustar rápidamente para mantener el cuerpo entre el balón y el adversario
- Pecho: separar los brazos para hacer un área grande. Inclinarse ligeramente hacia atrás para amortiguar el contacto; mantener el cuerpo entre el balón y el adversario.
- Cabeza: desplazarse con un primer cabezazo

Desarrollo:

- El alimentador se mueve después de dar la alimentación para cambiar el ángulo para el despido.

Ejercicio: Evitar entrar en conflicto al evitar al oponente

Se trata de un ejercicio de ritmo rápido en el que el objetivo es obligar al portador del balón a girar y realizar un pase de vuelta a una posición menos amenazante. Es un ejercicio excelente para desarrollar la forma física y la técnica defensiva.

Uso con: Todas las edades y habilidades.

Objetivos: Impedir el cruce o el pase de ataque sin arriesgarse a quedar fuera de juego.

Equipamiento: Balones.

Funcionamiento del ejercicio: Los jugadores trabajan de tres en tres, dos atacantes y un defensor, quien es el objeto del ejercicio. El primer jugador trata de evitar a su oponente por fuera, pero cuando esto falla, hace un pase hacia atrás. El defensor corre para presionar a este jugador a continuación. Utiliza cualquier línea como guía para los jugadores.

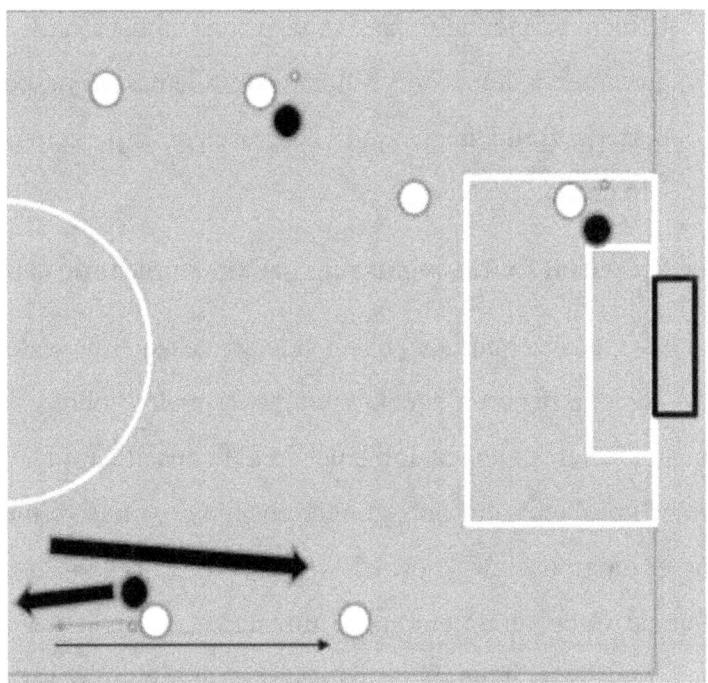

Habilidades clave:

- Posición para evitar que un jugador te gane por fuera
- No comprometerse en exceso para permitir que el jugador irrumpa en el interior
- Maniobrar permaneciendo a media vuelta hacia la pelota, posición del cuerpo baja y ojos en la pelota.
- No hacer el primer movimiento, espera a que el delantero no tenga dónde ir y deba hacer un pase hacia atrás.
- Esprintar para ponerse en posición para la siguiente parte de la carrera.

Desarrollo:

- Utiliza el ejercicio para iniciar una situación de juego, con atacantes y defensores adicionales, además de un portero y una portería. Reinicia cualquier desglose con la posesión de la pelota a lo ancho.

Ejercicio: Evitar regalar un penalti empleando el bloqueo "k"

Esta técnica podría no haber sido demasiado relevante en los años sesenta, ya que tiene en cuenta las leyes actuales sobre el balonmano, especialmente en su aplicación en el área de penalti. Aquí el objetivo es presentar un objetivo lo más grande posible mientras se mantienen los brazos en una posición "normal" (ignorando el hecho de que para un jugador de fútbol que cambia de dirección, una postura "normal" es utilizar los brazos extendidos para el equilibrio. A pesar de ello, no estamos seguros de que ni el mejor pendenciero de la corte pueda sacar a un jugador si sus brazos están extendidos y el balón golpea a uno).

Usar con: menores de 13 años y mayores. Siempre existe el riesgo con esta técnica de que la pelota golpee la cara, y por lo tanto hay un riesgo para los jugadores más jóvenes.

Objetivos: Utiliza el bloqueo "k" para evitar los objetivos.

Equipamiento: Balón, portería.

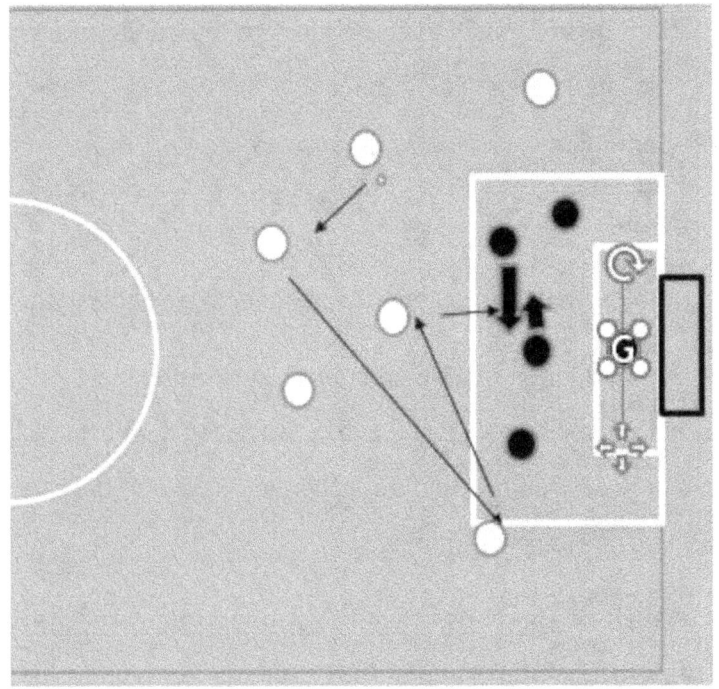

Funcionamiento del ejercicio: Se trata de un ejercicio de seis contra cuatro, más un portero. Los cuatro defensores se sitúan en el área penal, los delanteros deben permanecer fuera del área. Buscan pasar el balón para crear la oportunidad de un tiro a puerta. Cambien de rol con regularidad.

Habilidades clave:

- Ocultar el pase, manteniendo el cuerpo entre el balón y la portería
- Cuando el delantero se prepara para disparar, abre las piernas en forma de "k", gira el cuerpo hacia el balón y mantén los brazos abajo

- Salir de la formación tras el disparo, buscando pasar rápidamente a la siguiente posición defensiva
- Comunicarse con otros defensores

Desarrollo:

- Añade un delantero en el área para cazar rebotes y desvíos

Para aquellos que se sientan lo suficientemente valientes como para echar un vistazo a la Batalla de Santiago (y disfruten de la indignada introducción de David Coleman) echen un vistazo a: Italy v Chile World Cup 1962 The Battle of Santiago

YouTube (https://www.youtube.com/watch?v=T5jVMSlpZhg)

Perú – Escocia, Argentina 1978 (Fase de Grupos)

Tácticas de tiro libre

El año 1978 volvió a ver a Holanda como el mejor equipo del planeta, una vez más se esperaba que levantara la Copa del Mundo y una vez más fue derrotada en la final por los anfitriones. La política conspiró una vez más para sacar de la competición a uno de los grandes del mundo. Si en 1974 Pelé no se dejó seleccionar en protesta por su Gobierno, esta vez las amenazas de muerte contra Johann Cruyff y su familia han hecho que el maestro holandés se retire de la competición.

Sin embargo, es en un partido bastante inofensivo del Grupo 4 del que tomamos nuestro momento de magia. Perú dispone de un tiro libre en el borde del área, justo al lado del primer palo. Una pared de cuatro jugadores cubre ese primer palo, y el portero se encarga del segundo. Cuatro jugadores de Perú se reúnen y se alinean como si el balón fuera a desviarse hacia ese segundo palo. Sin embargo, se trata de una treta, y en su lugar Cubillas, con el número 10 de su camiseta oculto por la extraña banda negra del equipo de Perú, se acerca y golpea el balón con el exterior de su bota derecha, desviándolo directamente al primer palo.

Otro sueño escocés de la Copa del Mundo está a punto de terminar en lágrimas.

Mientras tanto, está a punto de producirse una nueva polémica en el Mundial. Perú gana el grupo, tras empatar con el campeón y ganar sus otros partidos. Tal vez sea sorprendente, pero parece uno de los equipos más fuertes de la competición.

Sin embargo, en la segunda fase de grupos todo se desmorona para los modestos sudamericanos. Después de dos partidos, son los últimos de su grupo, sin puntos. Su último partido, que casualmente es contra los anfitriones, no tiene sentido para ellos. No pueden acceder ni a la final ni a los octavos de final. Eso recaerá en uno de los gigantes del continente. Sin embargo, tras el empate entre Argentina y Brasil (0-0), las camisetas doradas están en el punto de mira. Ganaron cómodamente a Polonia en el último partido, y parece que deben llegar a la final. Argentina necesita golear a Perú al menos por 4-0 para clasificarse para ese partido. Lo hace, marcando seis goles sin respuesta.

Una buena actuación de los argentinos.

Ejercicio:

El tiro libre de Cubillas tiene algo de Ronaldo. Completa una carrera en línea recta y golpea el balón con los cordones, o incluso con el exterior de la bota derecha. Para conseguir el máximo movimiento, el balón es golpeado en la zona firme alrededor de la clavícula. Se ejecuta un amago de carrera por parte del equipo de Perú, pero la pared se mantiene firme y no se desplaza en absoluto, Paddy Rough en la portería de Escocia tampoco se deja engañar. Al menos, no todavía. Mejora su posición, moviéndose más hacia el centro. Pero el disparo es tan puro que no puede hacer nada.

Usar con: Todos los jugadores y habilidades.

Objetivos: Probar diferentes tiros libres, incluyendo el de Cubillas.

Equipo: Balones, lanzamiento.

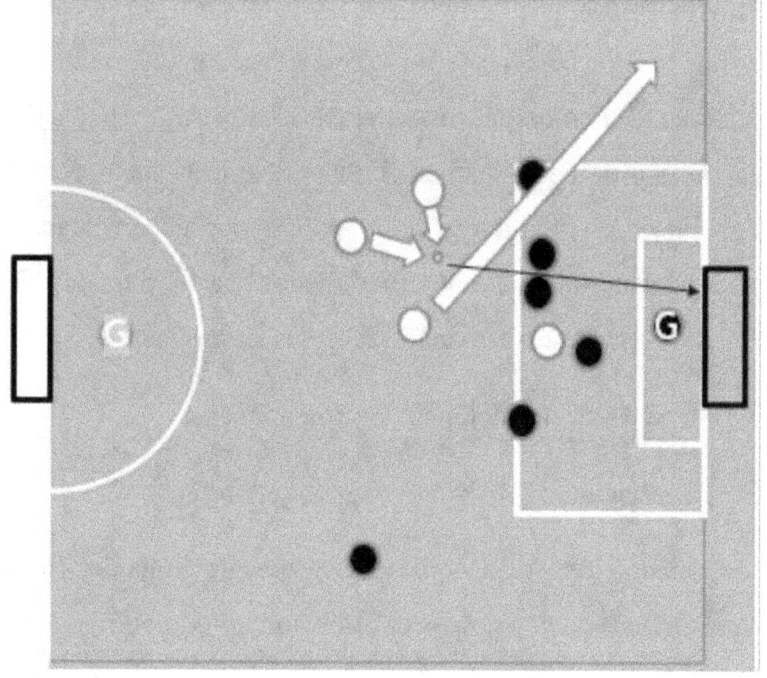

Operación de Rondo: Este es un juego de Rondo con una diferencia. Son siete contra cinco, cada bando incluye un portero. Cada interrupción del juego da lugar a un tiro libre. El equipo más pequeño puede elegir desde dónde lanzar su tiro libre, el equipo más grande lo hace desde cualquier lugar en línea con el incidente (pero fuera del área) a lo ancho del campo. Este sistema de reanudación con tiro libre también sustituye a los saques de banda y los córners. Cualquier gol en juego abierto se convierte en un penalti, que debe lanzarse al estilo de Cubillas. El ejercicio es un poco artificioso, pero es divertido y da muchas oportunidades para probar los tiros libres de ataque.

Habilidades clave:

- Defensa de tiros libres, lanzamiento de tiros libres
- Colocación cuidadosa del balón
- Uso de las carreras de amague para confundir a la oposición: se necesita variedad

Desarrollo:

- Cambiar el equilibrio del juego aumentando o reduciendo el número de jugadores de un equipo

Para ver este maravilloso tiro libre, y la inteligente construcción peruana para ello, echa un vistazo a: CUBILLAS – against Scotland 1978 (3-1)

YouTube (https://www.youtube.com/watch?v=avDX5falmns)

Turquía - Corea del Sur, Corea del Sur/Japón 2002 - (Seminifinal)

El gol más rápido y la importancia de la presión

Echa un vistazo a: 2002 FIFA World Cup Korea & Japan™ - Match 63 - 3rd place play-off - Korea Republic 2 x 3 Turkey

YouTube (https://www.youtube.com/watch?v=V8jOiXbcg_M)

El clip dura algo más de cuatro minutos, pero no te preocupes, no necesitarás dedicarle tanto tiempo. Nada que ver. Saque de banda. Pase atrás a un defensor en el borde del área. Se cuadra a un compañero de equipo. Un mal toque, una media entrada y el balón le llega a Hakan Sukur, que presiona, a pesar de estar haciendo un mal torneo para su nivel. Roba el balón y lo desliza hasta el fondo. Once segundos desde el inicio del partido hasta el gol. El más rápido de la historia de los Mundiales.

Corea del Sur, coorganizadora junto con Japón de este torneo moderadamente olvidable, es probablemente la razón principal por la que todos, excepto los brasileños, o los más fervientes aficionados al fútbol, recuerdan esta edición particular de la competición cuatrienal. En la fase de grupos, la selección tiene un grupo de rivales razonablemente generoso, ya que ha empatado con Estados Unidos tras vencer a Polonia en su primer partido. Pero luego se enfrentan a cuatro gigantes del fútbol europeo de forma consecutiva. En primer lugar, dejaron fuera de la competición a la poderosa Portugal con una victoria por 1-0. Eso en su último partido de la fase de grupos. A continuación, Italia es derrotada gracias a un gol de oro. A continuación, España sucumbe, derrotada por 5-3 en los penaltis. Sorprendentemente, los modestos pasan a la semifinal de la Copa del Mundo.

Aquí se encuentran con Alemania, un equipo cuyas actuaciones metronómicas apenas han entusiasmado, pero que es el mejor del mundo a la hora de hacer el trabajo. De hecho, después de meterle ocho a Arabia Saudí en su primer partido, sólo en otra ocasión, una victoria por 2-0 sobre la humilde Camerún, marcan más de un gol. En la fase eliminatoria ganan 1-0, 1-0, 1-0, siendo la última su victoria por la mínima sobre la selección coreana. En la final, pierden por 2-0. Entretenido.

Sin embargo, ese gol de Hakan Sukur demuestra la importancia tanto de la concentración como de la presión. El hecho de que, ya en los primeros diez segundos, Turquía esté dispuesta a comprometer a dos jugadores para presionar a los dos centrales coreanos demuestra lo eficaz que puede ser esta táctica. Sin duda lo es en esta situación.

Ejercicio: Doble presión

Se trata de un ejercicio un poco artificioso, pero que demuestra el valor de la doble presión, y también ayudará a los equipos a desarrollar estrategias para escapar de esta táctica.

Usar con: menores de 13 años y mayores.

Objetivos: Ganar el balón en posición adelantada utilizando la doble presión.

Equipamiento: Parcela con líneas adicionales.

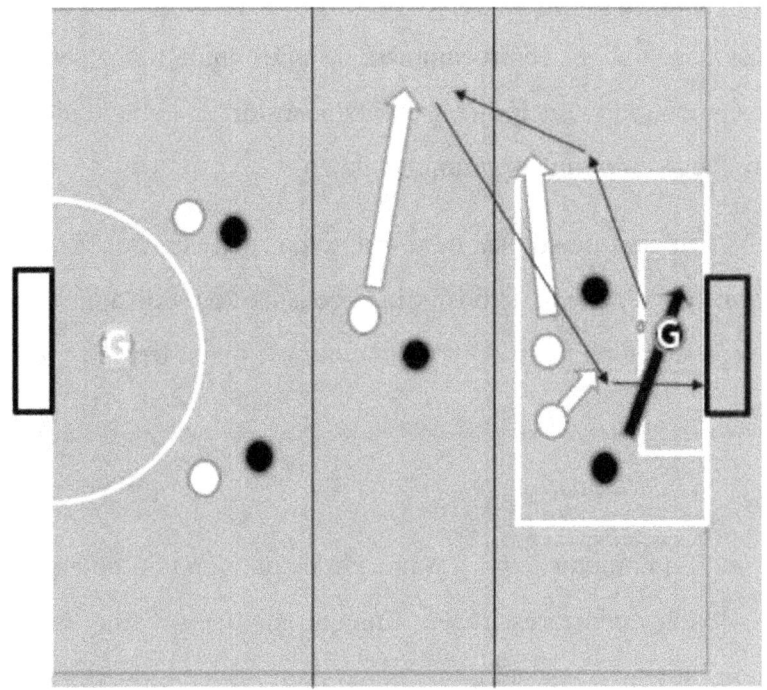

Funcionamiento del ejercicio: Se utiliza un campo de seis lados, con el área de juego dividida en tres zonas de la anchura del campo. En cada extremo se encuentran las zonas de gol (las áreas de penalti se encuentran dentro de estas zonas). El portero defensor, dos defensas y dos atacantes deben permanecer en estas zonas. En la zona central hay un jugador, el centrocampista, de cada equipo. Estos jugadores son los únicos que pueden estar en esta zona central, pero también pueden entrar en cualquiera de las otras dos zonas.

Cada nueva jugada comienza con el portero, que debe pasar el balón dentro de su área defensiva. Esto da a los dos atacantes que presionan, más el centrocampista, la oportunidad de operar una doble presión con la intención de ganar la posesión en la parte alta del campo, para luego crear una oportunidad de gol.

El centrocampista tiene que tomar una decisión. Si avanza hacia la zona de anotación, la posibilidad de ganar el balón aumenta. Pero si la presión no tiene éxito, el equipo contrario tiene tiempo y espacio para moverse.

Habilidades clave:

- La comunicación: La presión es un ejercicio de equipo. Incluso los defensores deben empujar tan lejos como se les permita apretar el espacio
- Reacción a la transición. En cuanto cambia la posesión, los atacantes deben buscar el espacio, mientras que la defensa debe cerrarlo, y ponerse al lado del balón.

Desarrollo:

- Aumentar el número de jugadores

Ejercicio: Presión alta

Se aplican las mismas condiciones que en el ejercicio anterior, por lo que no es necesario enumerar las habilidades, los objetivos o proporcionar un diagrama, etc. Sin embargo, el ejercicio se realiza con un juego completo, sin las limitaciones del juego artificial anterior. Anima a los equipos a presionar como una unidad, apretando el espacio en todo el campo.

Ten en cuenta que la presión alta no siempre funciona. Sin embargo, los equipos del más alto nivel suelen utilizarla de manera que el jugador que han identificado como el menos capaz de crear un ataque acabe teniendo la posesión.

Ejercicio: Derrotar la presión

El secreto para vencer la presión alta es una combinación de pases rápidos y ajustados, movimientos y un excelente primer toque. Significa que los niveles de habilidad de los jugadores defensivos deben ser altos. Por lo tanto, todas las actividades de desarrollo de habilidades deben incluir a todos los jugadores, incluido el portero. Este ejercicio de Rondo desarrolla esas habilidades.

Usar con: Mayores y menores de 10 años, aunque la configuración del ejercicio es complicada y puede llevar un tiempo entenderla.

Objetivos: Mover el balón rápidamente, con excelente toque, para mantener la posesión.

Equipamiento: Balones, tres zonas en un terreno de juego.

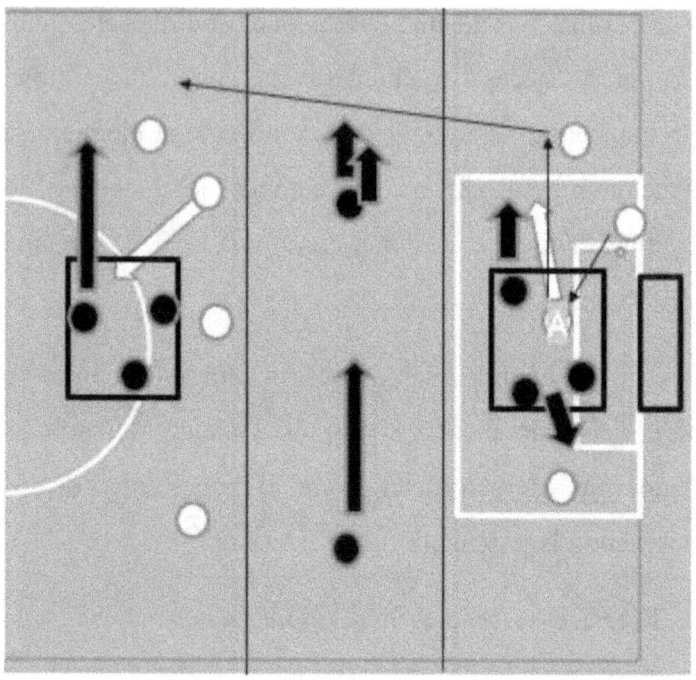

Funcionamiento del ejercicio: Se trata de una actividad de ocho contra ocho. El terreno de juego es de 40m x 40m (o uno de proporción similar). Dentro de cada zona de anotación hay una caja más pequeña de unos 10 metros cuadrados.

El lado en posesión: Un jugador en el cuadro de ataque final, etiquetado como A en el diagrama. Este jugador puede cambiar en cada cambio de juego. Otros tres jugadores en esta zona, pero fuera del área. Estos jugadores NO pueden entrar en el área menor durante esta fase del juego.

No hay jugadores en la zona central.

Cuatro jugadores en la otra zona de anotación, ninguno en la caja.

Lado sin posesión: Tres defensores dentro de cada área pequeña, dos jugadores en la zona central.

El equipo que tiene la posesión debe elegir el momento de jugar un pase al área pequeña (al igual que un equipo que derrota la presión alta elegirá su momento para jugar el balón a los pies de un jugador avanzado). Pueden jugar tantos pases libres como deseen antes de jugar este pase, ya que la defensa, en este momento, no puede salir del área pequeña.

Una vez que el balón es jugado con los pies, el jugador A debe pasar el balón fuera del área a un compañero. En ese momento, la defensa (círculos negros) puede salir del área por cualquiera de los dos extremos (siempre que se mantenga en su zona) e intentar interceptar un pase por el centro y hacia el otro extremo. Así, la presión para un pase rápido recae sobre el equipo que tiene la posesión. Si el balón se pasa con éxito al otro extremo, al primer toque del equipo en posesión, la defensa debe replegarse a las cajas de ambos extremos, un delantero se desplaza a la caja del nuevo extremo y se repite el ejercicio.

Si el balón se pierde o el pase largo no tiene éxito, los equipos deben organizarse rápidamente para adoptar las formas correctas para el ejercicio, reproduciendo así la velocidad necesaria para volver a la forma en la transición.

Habilidades clave:

- Cada una de las habilidades mencionadas anteriormente sigue siendo vital
- La disciplina del equipo, la forma y la comunicación, sin embargo, son los elementos clave en los que el entrenador debe trabajar

Desarrollo:

- Si el ejercicio no funciona, saca las cajas de los extremos, y reduce esas restricciones

Brasil – Alemania, Brasil 2014 (Semifinal)

Fuerza mental y cómo evitar un colapso

¿Qué le pasó a Brasil el fatídico 8 de julio de 2014? Aquí están, semifinalistas de su propia Copa del Mundo. A un partido de la final, en la que su rival podría haber sido (y lo sería) su vecina y rival Argentina... y se derrumba por completo. De hecho, aunque la magnitud de la derrota es asombrosa, el hecho de que hayan perdido quizá no sea una gran sorpresa. Después de clasificarse con relativa facilidad, siendo primeros de grupo por diferencia de goles, con México segundo, se encontraron con problemas.

En los octavos de final, sólo se derrota a Chile en los penaltis, pero entonces los chilenos son un buen equipo en ese momento. A continuación, una victoria por el extraño gol de tres contra Colombia también es poco impresionante.

¿Puede explicarse su enorme derrota contra Alemania?

Tal vez. El partido se acabó mucho antes del descanso. Cuatro goles en seis minutos caóticos destruyeron a los brasileños y les dieron su propio Mineirazo. Llegaron después de que los impactados defensas vieran cómo los alemanes se adelantaban en el minuto 11 con un gol de Thomas Müller, solo y sin marca, tras un córner.

Con el partido ganado y la final a punto de llegar, la segunda parte estuvo más reñida, con tres goles de última hora repartidos dos a uno a favor de los europeos. Eso es lo que ocurrió, pero no cómo ocurrió. Es cuando consideramos este asunto cuando empezamos a ver que surgen algunas oportunidades para los entrenadores. Alemania estuvo sobresaliente, sobre todo en la primera parte. Pero Brasil, la mayor nación futbolística del planeta, no debería haber capitulado tan fácilmente. Al ser el equipo local, con sus propios jugadores de primera línea, la excelencia de Alemania no es suficiente para explicar la demolición que le propinaron.

La derrota parece reducirse a un problema mental. En primer lugar, Brasil llega al partido menos preparado de lo que debería. Le cuesta encontrar la fluidez y se ha vuelto excesivamente dependiente de un par de jugadores destacados. Uno de ellos es Neymar Jr., una promesa excepcional que muchos creen que algún día se convertirá en el mejor jugador del mundo. El otro pilar es Thiago Silva, un CDM talentoso y combativo que sostiene los elementos defensivos del equipo. Ahora ninguno de los dos jugadores está disponible; Neymar no se ha recuperado de una lesión que sufrió en los cuartos de final, y Silva está suspendido. Además, es una suspensión tonta: la amonestación clave se produjo cuando cometió una falta innecesaria sobre David Ospina, el portero colombiano, en el mismo partido.

La ausencia de Neymar es, para el observador casual, la más importante. Estadísticamente, ha marcado o asistido en más de la mitad de los goles de Brasil, pero, además, mientras sus compañeros de ataque han tenido problemas, él ha sido el punto de diferencia del equipo. Ahora que no está, nadie es capaz de dar un paso adelante para llenar el vacío. Sin embargo, Silva es igualmente importante. Con su potencial goleador mermado, es importante que los brasileños estén organizados. Sin embargo, no lo están, y eso permite al mejor jugador de los alemanes, Mesut Ozil, manejar los hilos.

El seleccionador Scolari parece incapaz de reaccionar ante el caos que se produce en la primera parte. Para cuando hace los cambios que podrían surtir efecto, el partido está perdido. De hecho, si se eliminan esos seis minutos de locura y se refuerza el marcaje de Brasil en el primer gol, el partido está bastante reñido. De hecho, Brasil disfruta de una mayor posesión y de más disparos durante el partido. Pero los alemanes mantienen la concentración, entienden que su trabajo consiste en ganar el partido y no corren riesgos de sufrir suspensiones o lesiones.

Simplemente, el equipo brasileño capitula durante esos seis fatídicos minutos, y el equipo alemán aprovecha su oportunidad.

Hay muchos, muchos clips disponibles del juego. El que encontramos en el enlace a continuación: https://www.youtube.com/watch?v=wXMgIXHODKg, es uno bueno. Durante la primera parte, en particular, los jugadores no pueden hacer frente a esa presión.

Ejercicios: Consejos para desarrollar la fuerza mental

Sería ingenuo sugerir que esta selección de Brasil no disfrutó de un fuerte entrenamiento mental, tanto con su equipo nacional como con los clubes para los que se presentaron. Sin embargo, está claro que algo falló durante el partido. El video de arriba demuestra el caos que rodeó a su defensa, especialmente en la primera parte.

El ejercicio que hemos elaborado para ayudarnos, como jugadores aficionados, a desarrollar nuestra propia resistencia mental y concentración es realmente una serie de consejos y sugerencias. Todos son de sentido común, pero a veces es útil reenfocar la mente para ayudar a proporcionar la resistencia que no sólo puede ayudarnos en el deporte, sino también en la vida cotidiana.

Mantener un alto nivel de condición física: No hay duda de que cuando nuestra resistencia física se va, también lo hace nuestra capacidad de concentración. Trabajar en un alto nivel de condición física nos ayudará a mantener la concentración durante las últimas fases del partido. Es interesante observar que el gol de Brasil llega en el último minuto del partido, cuando Oscar se escapa. Podría ser que el equipo alemán, habiendo mantenido una concentración absoluta durante todo el partido, se relaje ligeramente en esos segundos finales.

Utilizar la respiración profunda: Es bastante obvio, pero funciona. Los ejercicios de respiración profunda ayudan al cuerpo a relajarse y a liberarse del estrés.

Técnica de renovación: Todos los deportistas tendrán momentos en los que las cosas van mal, sea cual sea el deporte y el nivel al que jueguen. Un requisito mental clave es desplazar esas experiencias hacia fuera, para que la mente no se quede en ellas. Debemos desarrollar nuestra propia técnica de renovación, que sea rápida y eficaz para nosotros. Por ejemplo, dedicar diez segundos a concentrarse en el suelo o en un punto del horizonte. Aprender a vaciar la mente durante esos segundos y pensar sólo en el objeto que miramos. Luego volver al juego, nuestro momento de distracción ha pasado.

Hablar: Hablar en el campo ayuda a mantener nuestra mente concentrada.

Rutina previa al partido: Hacer las mismas cosas cada vez que jugamos nos ayuda a concentrarnos en el trabajo que tenemos entre manos, y no en la preparación del mismo. Es el equivalente mental de anotar algunas notas, el papel que contiene la información básica mientras nosotros nos concentramos en los niveles superiores de análisis.

Desarrollar nuestro propio mecanismo de liberación: Cuando un tenista se grita a sí mismo, no está demostrando mala deportividad, sino que es una técnica que ha aprendido para liberar su energía negativa. Esto surge como resultado de un error. Su grito, o sus palabras agresivas para sí mismo, le permiten volver a concentrarse plenamente. Es el equivalente humano a un perro que ha visto una ardilla, pero al que se le niega la oportunidad de perseguirla. El perro se siente frustrado, pero se tranquiliza y el momento pasa. Todos hemos experimentado esa sensación de tensión que se acumula tanto en el campo de deportes como en la vida cotidiana, en el trabajo o en casa. Desarrollar un método controlado que nos funcione para liberar esa emoción de forma segura y aceptable nos ayuda a volver a centrarnos. Por ejemplo, podemos cerrar los ojos, quedarnos rígidos y contener la respiración durante diez segundos. A continuación, soltamos la respiración de forma forzada. Luego, contamos hasta diez. Este método funciona para muchas personas.

Por último, un "no". No descargues tus frustraciones en los demás. Cuando un compañero comete un error, no lo hace deliberadamente, y se siente mal por sus fallos. Es muy, muy raro que los jugadores de cualquier edad o nivel respondan bien a la crítica negativa, y sobre todo la que se hace en el momento, es más vulnerable cuando acaba de cometer un error. Y más aún cuando se encuentran en su momento más vulnerable, pues acaban de cometer un error.

Brasil – Italia, México 1970 (Final)

Hermoso Brasil: un asombroso gol de equipo de la mejor selección de todos los tiempos.

Ningún libro sobre fútbol puede dejar su última mención a Brasil con una nota tan baja. Es el equipo que más veces ha levantado el trofeo de la Copa del Mundo, el que ha ofrecido el fútbol más celebrado y la afición más espectacular. Así que debemos volver a su época de esplendor y echar un vistazo a una de las grandes finales de la historia de los Mundiales.

El torneo ha soportado el calor y la humedad del clima de México, aliados a la altitud en la que se jugaron muchos partidos. Estos dos conjuntos de profesionales, sin la ventaja de la dieta actual, el conocimiento de la ingesta de líquidos y los métodos de recuperación han luchado hasta la final. Pero el 21 de junio de 1970, es un día mejor para el fútbol. Un chaparrón justo antes del partido eliminó la humedad, cubrió el terreno de juego y mandó el calor a paseo. Eso debió de ser un placer para los italianos, que venían de una agotadora victoria en la prórroga contra Alemania Occidental en las semifinales.

El partido en sí es la batalla entre la brillante delantera de Brasil, el delantero Gerson es el más destacado en este partido en particular, y la férrea defensa de Italia. Igualmente, la propia protección de la portería brasileña puede ser excéntrica, por no decir otra cosa, y es esto lo que da esperanzas a Italia.

Durante una hora, el partido se mantiene en equilibrio. Brasil se adelanta, gracias a un cabezazo de Pelé tras un centro de Rivelino. Marca en el minuto diecinueve, pero en el treinta y ocho Italia empata. Una vez más, es el talón de Aquiles de Brasil, su defensa, el que le falla. Una jugada, un balón suelto y un gol.

Luego, a la hora de juego, Brasil vuelve a abrirse paso.

Un magnífico uno y dos, un disparo a la media vuelta de Gerson. Un buen gol. Los sudamericanos tardaron sólo tres minutos más en sentenciar el partido y el torneo. De nuevo, Gerson fue decisivo. Otro pase largo, un buen remate de cabeza del genio de Pelé y un genial remate del extraordinario Jairzinho.

A continuación, Pelé demuestra su visión de juego y su cabeza fría, retrasando su pase para que caiga directamente en la carrera de Carlos Alberta. Un disparo firme y perfectamente colocado y el trofeo Jules Rimet es para Brasil. Para siempre.

Veamos en detalle cada uno de esos objetivos y consideremos los ejercicios que nos ayudarán a reproducir los elementos clave de los mismos.

Ejercicio: Elevación con el empeine

El primer gol se produce en un saque de banda. El balón es lanzado al área, donde Pelé vuelve a demostrar su asombrosa capacidad para saltar, elevarse en el aire y cabecear con potencia y precisión.

No queremos exagerar los ejercicios de cabeceo, dadas las implicaciones de seguridad que conlleva, así que este ejercicio se centra en la elevación con el empeine. Esta habilidad suele subestimarse y es eficaz porque su despliegue puede ser inesperado.

Usar con: Menores de 11 años y mayores, la habilidad es un reto, y los jugadores más jóvenes tendrán problemas con ella.

Objetivos: Perfeccionar la técnica

Equipamiento: Pelota blanda, red o línea de conos.

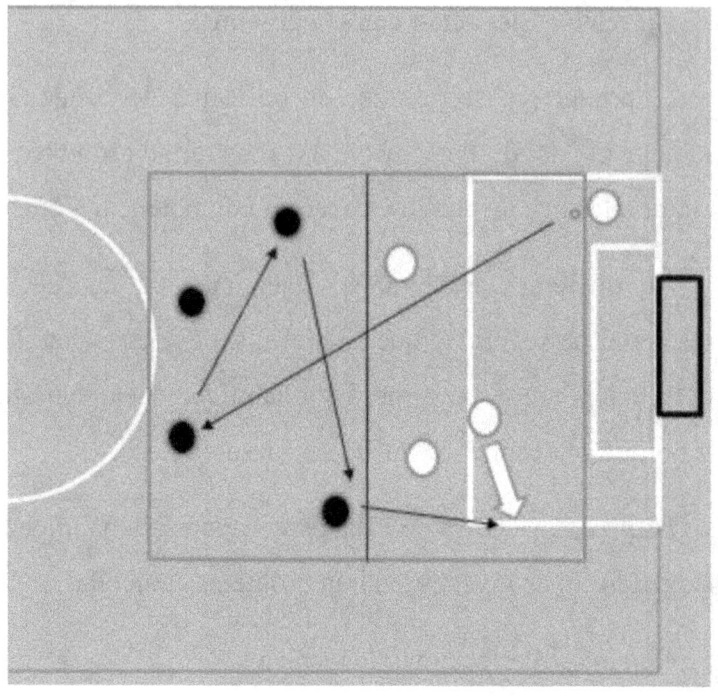

Funcionamiento del ejercicio: Lo ideal es que el juego se realice con un balón de tamaño normal. Esto permite cabecear (cuando está permitido dentro del grupo de edad) sin el riesgo de daños por conmoción, por lo que sabemos actualmente. Una pista de tenis es ideal para este ejercicio, pero si no se dispone de ella, puede bastar con un área de penalti de tamaño normal, en la que se juegue a lo ancho. Coloca algún tipo de red o barrera de conos en el centro. El juego es de cuatro por lado.

El balón es "servido" con una volea, ya sea directamente de las manos o jugado después de un rebote. El receptor puede atrapar el balón y jugarlo a un compañero de equipo mediante una técnica de saque (tomando de referencia el primer gol de Brasil). El balón debe devolverse por encima de la red tras un máximo de tres toques por parte del equipo. Se permite que el balón rebote una vez antes de cada toque.

Las manos sólo están permitidas en el servicio y en el primer toque del receptor. Aparte de esto, el balón sólo podrá jugarse de acuerdo con las leyes normales del fútbol.

Los jugadores rotan después de cada servicio. Se juega a once puntos.

Habilidades clave del rebote con el empeine:

- Colocar el cuerpo cerca del balón
- Brazos para el equilibrio
- Mirar al objetivo
- Ojos en la pelota
- Plantea el ajuste sin patadas, y dobla el cuerpo para una mayor estabilidad
- Golpear la pelota suavemente utilizando el empeine (para la altura, la distancia y la precisión) o los cordones (para la potencia y el efecto)
- Seguir con el pie de pateo

Desarrollo:

- Con jugadores muy hábiles, eliminar la facilidad para manejar el saque

Ejercicio: Cambio y disparo

El segundo gol de Brasil, anotado por el extraordinario Gerson, es un ejemplo clásico de un jugador que desplaza el balón para hacerse un hueco y luego dispara con potencia y precisión para marcar.

Uso con: Todas las edades y habilidades.

Objetivos:

- Desplazar el balón hacia el lado más fuerte
- Golpea con potencia y precisión a través de la portería

Equipamiento: Balones, portería, maniquí.

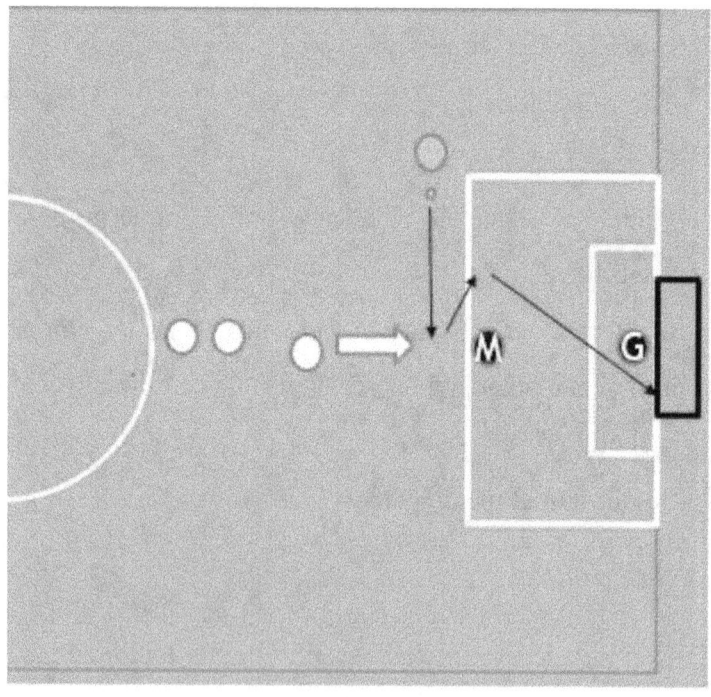

Funcionamiento del ejercicio: El entrenador da un pase a un jugador en carrera. El jugador da un toque para desplazar el balón hacia el lado del maniquí y luego dispara con potencia hacia la esquina opuesta.

Habilidades clave:

- Dejar caer el hombro contrario al desplazar el balón para crear espacio adicional
- Brazos para el equilibrio
- Colocar el pie que no patea
- La cabeza sobre el balón, orientada hacia la dirección del tiro
- Golpear el balón con los cordones, y un fuerte seguimiento

Desarrollo:

- Sustituir el maniquí por un defensor activo

Ejercicio: Pase largo

Jairzinho marca el tercero, aunque con un poco de mala leche. El gol viene de un centro largo que es cabeceado hacia atrás en la portería. Jairzinho llega tarde. Nuestro ejercicio sustituye el centro de cabeza por un primer pase lateral. El ejercicio se centra en la carrera tardía.

Uso con: Todas las edades y habilidades.

Objetivos: Cronometrar la carrera tardía.

Equipamiento: Balones, porterías, maniquí opcional.

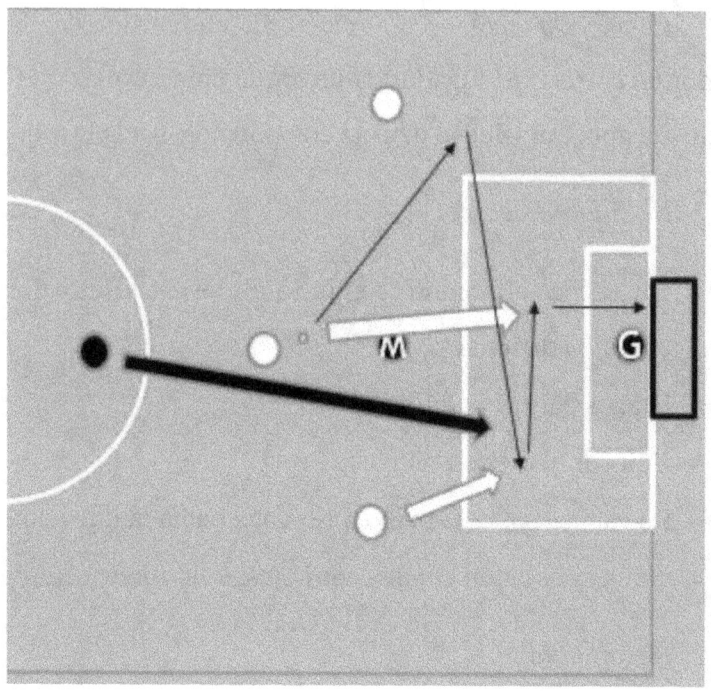

Funcionamiento del ejercicio: El juego comienza con el jugador que hará la carrera de fondo. Se realiza un pase a lo ancho para el segundo jugador, que cruza para el tercero. Este jugador tira el balón por primera vez lateralmente a través de la portería para que el primer jugador llegue con el tiempo perfecto para rematar. Un defensor parte de una posición más profunda y se opone al jugador que realiza la carrera tardía.

Utiliza un maniquí o un defensa fijo para jugar con el equipo en posesión en el terreno de juego. Rota los papeles de los jugadores después de cada ejercicio.

Habilidades clave:

- Cronometraje de la carrera tardía
- Acelerar hacia el balón para perder al defensor
- Comunicarse con el que hace el pase

Desarrollo:

- Con los jugadores más jóvenes, o si el ejercicio no funciona debido a los niveles de habilidad de los pasadores, prueba sin el defensor.

Ejercicio: La sincronización perfecta

El último golpe de Brasil en aquella épica final tiene que ver con la sincronización del pase de Pelé y la potencia del remate de Alberto, que golpea con el exterior de su bota derecha.

Usar con: Todas las edades y habilidades.

Objetivos:

- Intentar el pase perfecto
- Golpear con el exterior del pie

Equipamiento: Balones, portería, maniquíes.

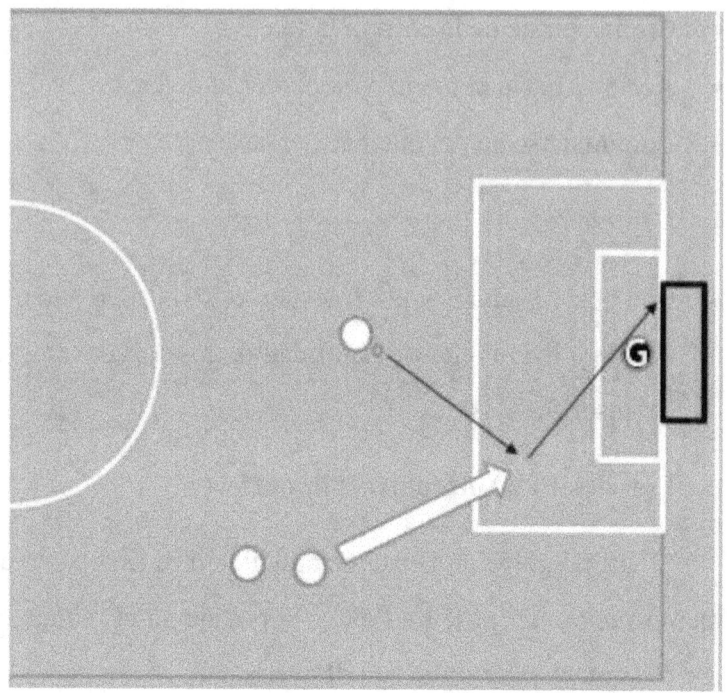

Funcionamiento del ejercicio: El alimentador intenta un pase corto perfecto al delantero en carrera, que golpea la pelota, la primera vez, con el exterior de su pie.

Habilidades clave:

- Cronometrar y ponderar el pase para que el delantero no tenga que romper su paso
- Comunicación entre jugadores
- Golpear el balón con el exterior del pie.
- Mantener la velocidad durante la aproximación y el tiro
- Brazos para el equilibrio
- Plantar el pie que no patea

- Cabeza sobre el balón
- Golpea el balón con un buen seguimiento

Desarrollo:

- Añade un defensor en el punto de penalti que intentará cruzar para bloquear el tiro

Para encontrar lo más destacado del partido, visita: World Cup 1994 Final. Brazil vs Italy (Highlights)

YouTube (https://www.youtube.com/watch?v=IZAj3cRF99E)

Argentina – Inglaterra, México 1986 (Cuartos de Final)

¡Ese gol!

"Tramposo", afirmaba el Daily Mirror inglés en su última página al día siguiente.

Cuando Diego Maradona eliminó casi por sí solo a Inglaterra de la Copa del Mundo de 1986, lo hizo logrando la hazaña de marcar quizás el gol más polémico de todos los tiempos y también el más brillante de todos los tiempos. Lamentablemente, el primero tiende a eclipsar al segundo.

El gol de la Mano de Dios fue muy afortunado al no ser anulado. El balón es introducido en el borde del área por Maradona, que continúa su carrera. El balón sale rebotado y es desviado por el centrocampista inglés Steve Hodge cuando intenta despejar, gira en el aire y el portero inglés Peter Shilton corre para despejar el balón bajo la presión del alto pero diminuto Diego Maradona. De alguna manera, el balón no llega al inglés. En el momento de aterrizar, el balón se introduce en la red. La pregunta que surge inmediatamente es: ¿cómo puede un adversario 8 centímetros más bajo que un portero que se levanta para golpear un balón, elevarse por encima de él para cabecearlo directo a la red? Shilton es un guardameta experimentado y con talento, y está intentando coger el balón por encima de su trayectoria. Como el balón ha entrado en el área penal por cortesía de un enganche mal colocado, está entrando en su arco descendente. Lo primero que se piensa es que el argentino está en fuera de juego, pero eso no es posible ya que Hodge es el último en jugar el balón.

Las repeticiones demuestran que Maradona ha doblado el brazo por encima de la cabeza y ha introducido el balón limpiamente en la red.

Una de las reacciones más interesantes, alarmantes y reveladoras viene después de la FIFA. Su portavoz es categórico. No fue mano porque el árbitro dijo que no lo fue. Tal vez si la FIFA admitiera que se ha cometido un error, se le tendría en mayor estima. Tal vez no se pueda hacer nada una vez terminado el partido, pero una admisión de culpa por parte del árbitro (y de Maradona) podría haber permitido que el incidente se durmiera.

Aunque probablemente no lo hubiera hecho. Porque no sólo es una oportunidad para llamar tramposo al mejor jugador del planeta, y al reclamar el gol está claro que hace trampa, pero esto es Argentina contra Inglaterra. Las relaciones entre ambos países son terribles. Sólo han pasado cuatro años desde que los dos estaban en guerra. Hay argumentos en ambos lados sobre quién tiene moralmente los derechos sobre las Islas Malvinas, esos afloramientos rocosos en medio del Océano Atlántico Sur azotados por el viento, pero el acto de provocación del General Galtieri al invadir, o recuperar, según se mire, las islas fue siempre un movimiento poco inteligente contra una mujer tan decidida y con una mentalidad tan única como Margaret Thatcher, especialmente cuando los asuntos están en problemas en su propio frente interno y ella ve una oportunidad de aumentar su popularidad enviando una fuerza de trabajo a las islas.

Por supuesto, la campaña es caótica y terrible en ambos bandos. Los británicos están mal preparados y carecen de equipo. Son constantemente vulnerables a los misiles Exocet de la fuerza aérea argentina, y los argentinos han enviado reclutas apenas entrenados para mantener las islas. Muchos hombres mueren innecesariamente, pero a pesar de todo es una época que crea una ola de patriotismo y jingoísmo en Inglaterra, y una tendencia a la xenofobia que puede ser un rasgo desafortunado entre algunos de la nación isleña.

Por lo tanto, ser eliminado del principal torneo mundial del deporte nacional por un hombre de un país con el que Inglaterra ha estado recientemente en guerra es un conjunto de acontecimientos sin paliativos. No se olvidará. Aunque, para ser justos con los ingleses, cuando Maradona sucumbió a una vida de excesos demasiado pronto, falleciendo a los sesenta años, la atención de los aficionados al fútbol se centró en su brillantez más que en sus defectos.

En aquel momento, fue el maravilloso gol que marcó apenas cuatro minutos y medio después de su jugada de balonmano en el que se centró la mayor parte de la nación. Es un alivio, porque menudo gol es.

A su vez, destaca un excelente primer toque entre dos rivales que presionan en el campo argentino; un magnífico giro de 180 grados, una excelente aceleración al dejar atrás al mediocampo inglés, mientras lleva el balón bajo perfecto control, una caída del hombro y un rápido juego de pies para eludir dos entradas, un sutil amago y un remate bajo presión.

Hay mucho que trabajar ahí, entonces.

Ejercicio: Carrera de habilidad

Con tantas habilidades en juego, podemos utilizar el gol de Maradona como un excelente ejercicio de calentamiento que involucra cada una de las habilidades por turno. Mantén el ejercicio activo y rápido, con el entrenador o un asistente asegurándose de que haya balones disponibles cuando sea necesario.

Usar con: Todas las edades y habilidades.

Objetivos: Utilizar la variedad de habilidades como ejercicio de calentamiento.

Equipamiento: Balones, conos, maniquíes.

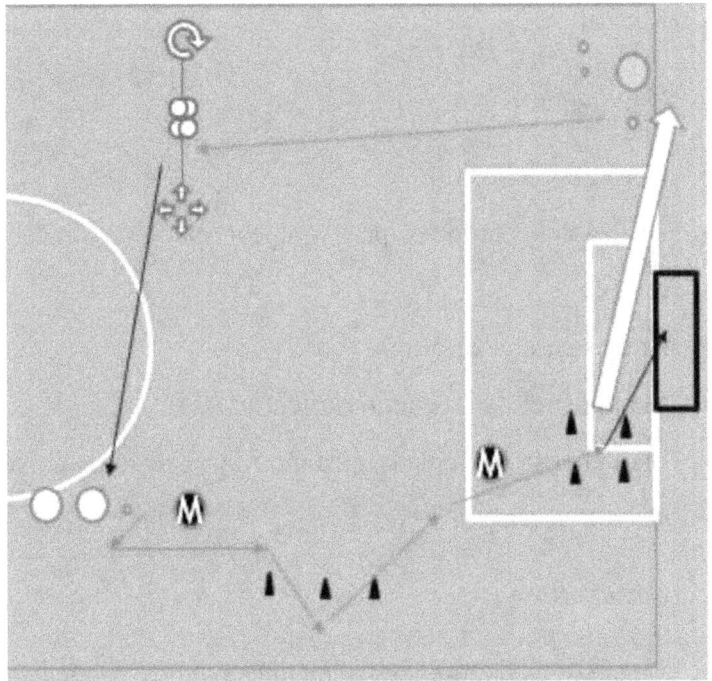

Funcionamiento del ejercicio: El jugador recorre las siguientes habilidades:

- Giro de 180 grados para pasar el primer maniquí. Los jugadores más hábiles pueden utilizar el giro Cruyff aquí
- Zigzag en los conos al paso
- Amague sobre maniquí
- Marcar en la portería vacía desde el cuadrado de la diana
- Recoger la pelota
- Correr al ritmo del balón
- Pase a un compañero de equipo para terminar el recorrido

- Repetir

Habilidades clave:

- Correr con el balón
- Utiliza los cordones para golpear el balón cinco metros por delante
- Brazos para el equilibrio
- Mantener el balón en movimiento recto
- Mantener la velocidad, ajustando la dirección sólo si el balón se desvía

Desarrollo:

- Añade otras habilidades relevantes para la práctica

Para quien desee echar un vistazo a este asombroso gol, ¿y quién no lo haría? Se puede encontrar en: Gol di Maradona Vs Inghilterra, sottotitoli in italiano

YouTube (https://www.youtube.com/watch?v=40zK9c3gJ3Q)

Rusia – Camerún, EE.UU. 1994
(Fase de Grupos)
Oleg Salenko marca cinco

En 1990, Camerún había sido una de las sorpresas del Mundial. Había estado a siete minutos de convertirse en la primera nación africana en llegar a las semifinales de la competición. Inspirados por su leyenda de 38 años, Roger Milla, sólo dos penaltis lanzados por el inglés Gary Lineker les habían hecho caer.

Cuando llegó el torneo de Estados Unidos en 1994, Camerún ya había superado su mejor momento. Roger Milla seguía jugando, ya con más de cuarenta años, pero fue otro delantero, Oleg Salenko, quien se llevó los titulares, al marcar nada menos que cinco goles en una cómoda victoria por 6-1.

Cada gol es una clase magistral de acabado genial. Por supuesto, ver estos fabulosos golpes es la mejor manera de apreciarlos, aunque se describen en detalle más adelante. El acceso al video está limitado en función de la parte del mundo en la que los lectores se basan y, por lo tanto, recomendamos una búsqueda en las líneas de "Oleg Salenko cinco goles contra Camerún Copa del Mundo".

Estos son goles de delantero, no hay cohetes espectaculares en la esquina superior, no hay cabezazos que superan a un portero desesperado. Cada uno de ellos demuestra la importancia de mantener la calma y dejar que la técnica produzca el resultado deseado. Todos los remates son bajos, a la primera y a través de la portería, sin dar ninguna oportunidad al portero.

De hecho, Camerún se adelantó en los primeros compases del partido. Sin embargo, Oleg Salenko pronto restableció el orden ruso.

Ejercicio: Reaccionar rápidamente a un balón que atraviesa

El primero es un clásico remate de cazador furtivo. El balón se escapa hacia el borde del área tras una entrada. El portero está cerca, pero ligeramente desubicado. Salenko tiene tiempo para colocar los pies y colocarse. No hay nadie entre él y la portería, aunque el portero está lo suficientemente cerca como para cubrir el segundo palo y también lanzarse a sus pies.

Salenko golpea el balón con el empeine a la primera, manteniendo el balón bajo. La tentación sería apuntar al primer palo, ya que está completamente desprotegido. Pero al hacerlo, se corre el riesgo de equivocarse en el tiro y errar el objetivo.

En lugar de eso, él desliza el balón por debajo del portero que se lanza, golpeando la zona más grande, la parte central de la red.

Este es un ejercicio de ritmo rápido. Varía el ángulo con el que se introduce el balón, para animar a los delanteros a reaccionar ante la situación.

Usar con: Todas las edades y habilidades

Objetivos:

- Adaptarse rápidamente al balón que atraviesa, ajustando los pies para ponerse en posición de tiro.
- Disparar a la primera, raso y al centro de la portería

Equipamiento: Balones, portería, maniquíes, diana opcional.

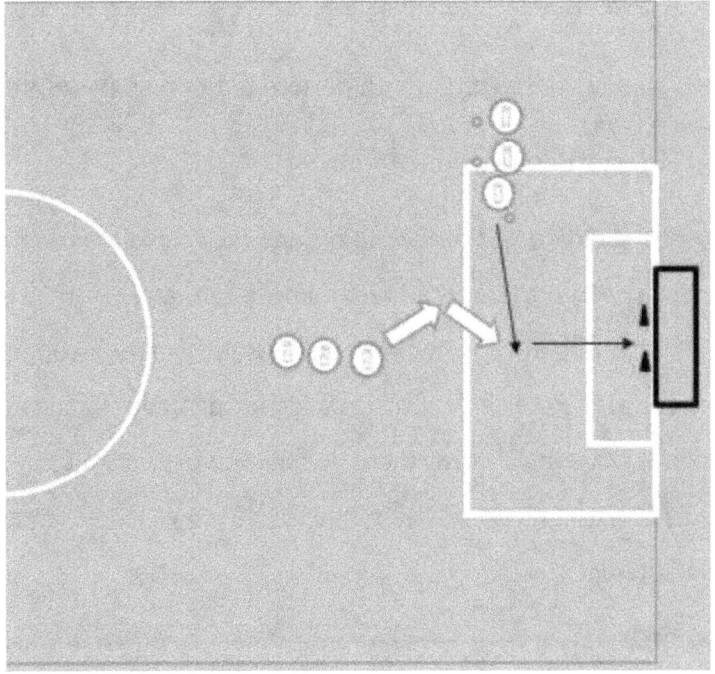

Funcionamiento del ejercicio: Los jugadores se alinean en dos grupos. El jugador uno proporciona el balón, el jugador dos termina la oportunidad. Se intercambian los papeles después de cada turno. El entrenador debe asegurarse de que se mantenga un ritmo rápido, siendo la precisión de la técnica y la finalización los elementos más importantes.

Se puede utilizar un portero, pero no es necesario para el ejercicio ya que, en la portería de Salenko, está fuera de posición.

Habilidades clave:

- Movimiento de los pies para ponerse en posición.
- Golpea firmemente con el empeine.
- Precisión en el remate, apuntando al centro de la portería abierta.

Desarrollo:

- Añade un defensa y/o un portero para presionar el tiro.

Ejercicio: Dos contra uno

El segundo gol de Salenko tiene un acabado similar al primero. Una vez más el portero está fuera de posición, una vez más tiene tiempo para colocar el balón, y una vez más lo golpea en el área más amplia, la parte central. Pero esta vez Rusia se ha desmarcado y tiene un dos contra uno con el portero. El compañero de Salenko pasa el balón, y el delantero centro se ha asegurado de estar en apoyo y en el lado contrario. Remata con facilidad.

El objetivo de este ejercicio debería ser un récord de puntuación del cien por cien. Si el portero no cierra la primera amenaza, es decir, el jugador que corre con el balón, entonces ese jugador debería marcar él mismo.

Usar con: Todas las edades y habilidades. Cuando se utilices el fuera de juego, asegúrate de que el jugador de apoyo permanezca en el mismo.

Objetivos:

- Atraer al portero
- Juega el pase delante del compañero de equipo
- Golpea el balón en la red vacía

Equipamiento: Balones, portería.

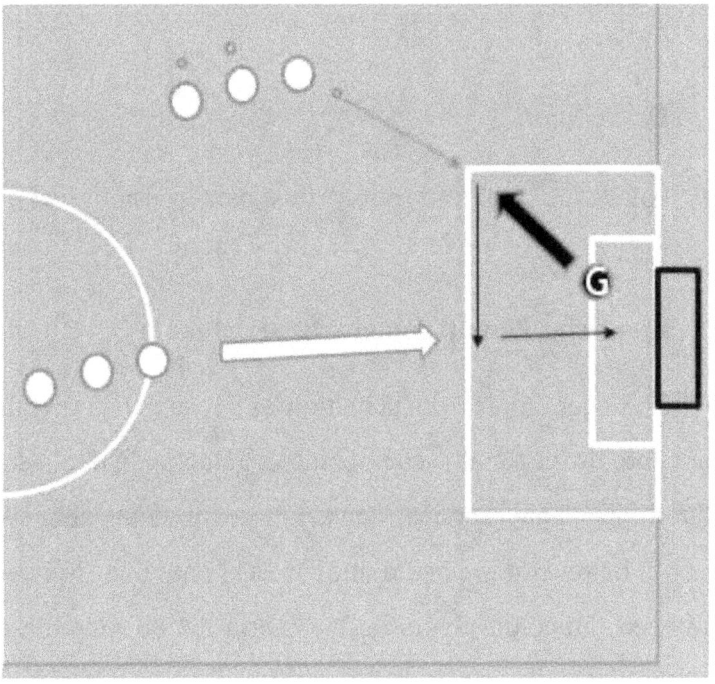

Funcionamiento del ejercicio: Dos líneas de jugadores. Regatear a velocidad hacia el portero, deslizar el pase una vez que el portero se acerca al balón. Acabar el gol, intercambiar las posiciones después de marcar.

Habilidades clave:

- Comunicación entre jugadores
- Correr a ritmo con el balón controlado
- Paso lateral del pie
- Posición del cuerpo para la primera llegada
- Brazos para el equilibrio
- Golpear con el empeine
- Cabeza sobre el balón

Desarrollo:

- Añade un defensor por detrás para presionar al jugador que regatea.

Ejercicio: Penalti con el lateral del pie

El tercer gol es de penalti. Bajo y en el córner hace que el lanzamiento de un penalti sea imparable. Salenko disimula su remate con una larga carrera hacia arriba, y en el último momento abre el cuerpo para golpear el balón con precisión utilizando el empeine. Aunque el portero se lanza en dirección contraria, no habría tenido ninguna oportunidad aunque hubiera acertado.

El lanzamiento de penaltis es una habilidad clave en cualquier torneo, en el que las fases eliminatorias suelen ser muy reñidas y suelen decidirse en uno de los disparos. Cuando están bajo presión, es una buena técnica la que hace que los jugadores salgan adelante. Si esa técnica es válida para la presión de una semifinal de la Copa del Mundo, por ejemplo, sin duda servirá a un jugador para un partido menos importante.

Este ejercicio emplea una buena técnica de penalti, por lo que, aunque otros enfoques pueden ser igualmente exitosos, vale la pena practicar este en específico.

Utiliza una diana o un portero. Aunque el portero sabrá dónde se va a lanzar el penalti, es poco probable que pueda realizar la parada.

Usar con: Todas las edades y habilidades.

Objetivos:

- Una carrera precisa que permite que el cuerpo se abra en el último momento
- Golpea firmemente con el empeine
- Mantén la pelota baja

Equipamiento: Balones, portería.

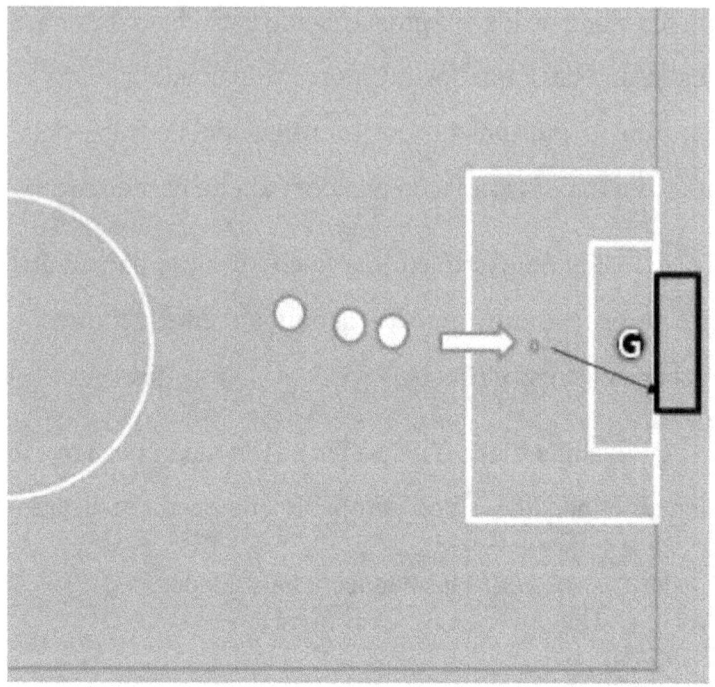

Funcionamiento del ejercicio: Cada jugador lanza el penalti por turnos. Con los jugadores más jóvenes, el entrenador puede otorgar puntos por la calidad del penalti. Utiliza dos porteros que se alternen para mantener el ritmo del ejercicio.

Habilidades clave:

- Ligera ralentización al correr para permitir la apertura del cuerpo
- Brazos fuera para el equilibrio, la cabeza sobre la pelota en el impacto
- Golpear firmemente el balón con el empeine

- Haz el contacto justo por debajo del centro de la pelota para asegurarte de que se mantiene baja pero se golpea con suficiente fuerza.

Desarrollo:

- Utiliza conos para añadir dianas en la portería. (Con los jugadores más jóvenes, puede valer la pena sustituir al portero por una diana desde el principio).

Ejercicio: Recorte

El cuarto gol de Salenko se produce en un clásico recorte. Una buena jugada de pase permite al atacante ruso llegar a la línea de fondo. Su recorte está perfectamente colocado hacia Salenko, que está corriendo. Éste golpea el balón a la primera, algo que ha hecho siempre hasta ahora. Golpear el balón a la primera reduce la oportunidad de que el portero se fije, y esto se demuestra aquí, ya que el portero está clavado en el sitio. Una vez más, Salenko golpea el balón con fuerza y por abajo. Apunta al segundo palo, donde, incluso si el portero realiza una magnífica parada, el balón probablemente se desviará hacia el área de peligro, ofreciendo una oportunidad para que un compañero lo siga. De hecho, el balón se desvía en el aire y termina en el techo de la red. Tal es la velocidad del ataque, el ritmo en el disparo de Salenko y la inmediatez con la que ejecuta su esfuerzo hacen que el guardameta camerunés se quede clavado en el sitio, incapaz de ofrecer más que un brazo agitado ante el esfuerzo.

Se trata de un gol bastante complejo, en el que intervienen tres elementos distintos. En primer lugar, el uno-dos que crea el espacio para el regateador, en segundo lugar, la retirada y, en tercer lugar, la finalización. Los entrenadores con equipos más jóvenes o menos capacitados pueden dividir el ejercicio en sus distintos elementos.

Usar con: menores de 11 años y mayores.

Objetivos:

- Completa un uno-dos
- Tirar un balón hacia atrás desde la línea de banda
- Corre hacia el recorte y golpea por primera vez a través de la portería.

Equipamiento: Se podrían utilizar balones, maniquíes en lugar de defensas para facilitar la jugada a los delanteros.

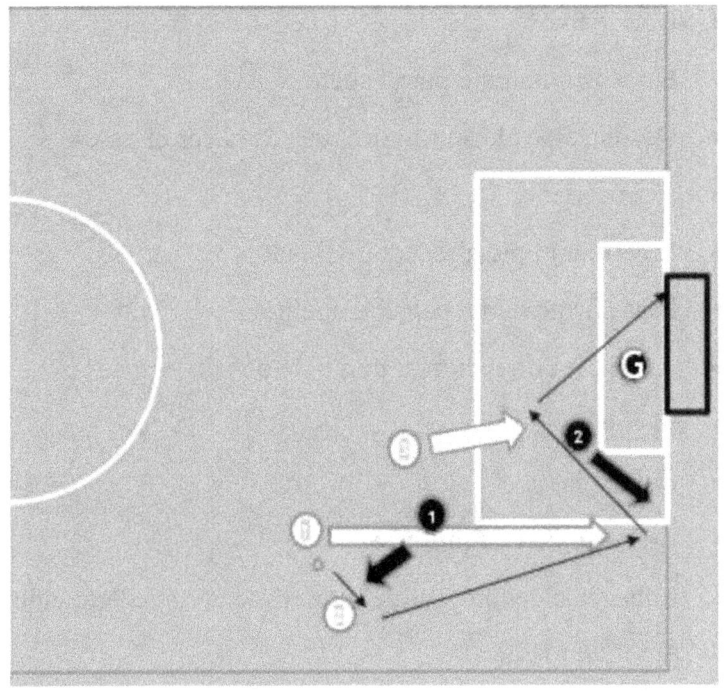

Funcionamiento del ejercicio: El jugador uno realiza el pase inicial para que el jugador dos lo pase. El jugador uno continúa su carrera y luego regatea a la línea de banda mientras el defensor intenta alcanzarlo. El defensor dos debe intentar cubrir el centro. El jugador uno vuelve a pasar el balón hacia el punto de penalti. El jugador tres corre hacia el balón, golpeándolo de primeras y apuntando al otro lado de la portería.

Trabaja el ejercicio con tres grupos de cinco jugadores más un portero, cambiando los papeles de los jugadores en cada repetición.

Habilidades clave:

- Uno – dos
- Pasar firmemente por el suelo
- Desplazarse al espacio después de hacer el pase
- Retroceder
- Envolver el pie alrededor del balón
- Pasar firmemente con el empeine
- Apunta en dirección al punto de penalti
- El final
- Correr hacia el balón
- Brazos para el equilibrio
- Cabecea el balón y golpea con firmeza con el empeine, apuntando al segundo palo.

Desarrollo:

- Incorpora un tercer defensor que comience en el punto de penalti y que sólo pueda acercarse al balón cuando se produzca el retroceso.

Ejercicio: Primer disparo con remate

El quinto gol es quizás el mejor de todos, pero de nuevo es un gol de técnica más que de esplendor. Un inteligente pase recto, una carrera en ángulo, otro disparo a la primera dirigido hacia el segundo palo, pero esta vez con el mínimo elemento de elevación para asegurar que el balón se eleva por encima de la estirada del portero, para rebotar fácilmente en la red.

Es, técnicamente, un acabado tan fino como se puede prever.

De nuevo, hay tres elementos distintos en este ejercicio. En primer lugar, está el pase, que debe estar perfectamente ponderado, en segundo lugar, está la carrera del goleador, y en tercer lugar viene el remate.

Usar con: menores de 11 años en adelante.

Objetivos:

- Sopesar el pase correctamente
- Suficiente firmeza para que el delantero pueda correr a no menos de cuarenta y cinco grados (o el remate se vuelve demasiado difícil)
- No tan firme como para que el delantero se vea forzado a ir demasiado lejos, o que el portero pueda interceptar
- El delantero corre al espacio
- El jugador dispara en el giro, manteniendo el tiro bajo y firme.

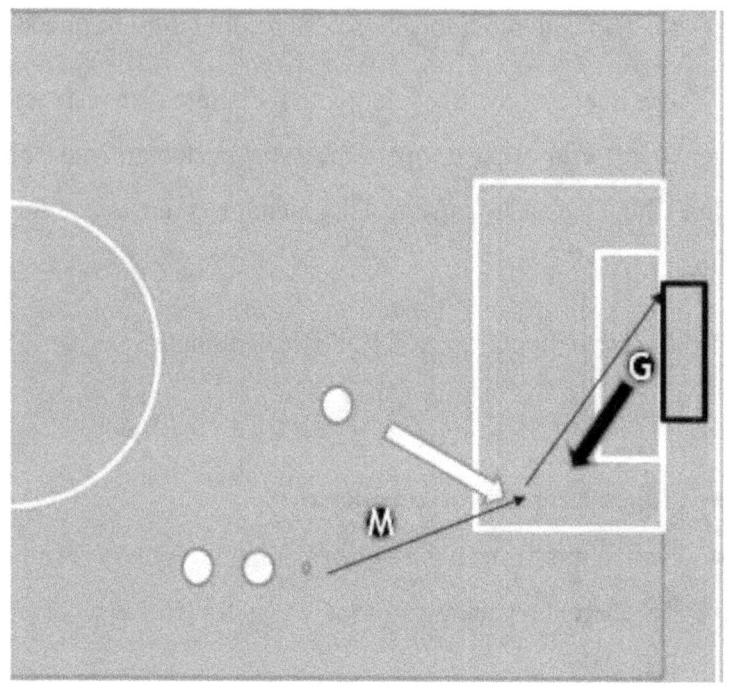

Equipamiento: Balones, portería, maniquí o cono grande para representar al defensor.

Funcionamiento del ejercicio: Alínea a los jugadores como en el diagrama. Después de cada turno, el pasador se mueve a la posición inicial del tirador. Se da el pase y el jugador sigue corriendo, girando y disparando en un solo movimiento. Con los jugadores menos hábiles se practica primero sin portero, luego se introduce un portero, antes de permitirles finalmente cerrar el balón como en la situación real del partido. Nota, el diagrama muestra esta última etapa del ejercicio.

Habilidades clave:

- Hacer la carrera, indicando dónde se debe jugar el pase con el brazo
- Utiliza el empeine y los brazos para equilibrar el peso del pase recto.
- Correr para que el balón pase justo por delante del cuerpo
- Acelerar y girar las caderas y los brazos para rotar el cuerpo
- Dispara usando la puntilla, apuntando a la esquina más lejana
- Girar más los brazos para mantener el equilibrio
- Cabeza sobre el balón para mantenerlo bajo
- El portero intenta reducir los ángulos al máximo.

Desarrollo:

- Sustituir el maniquí por un defensor real que pueda girar y presionar al delantero
- Añade un delantero de apoyo para recoger rebotes o marcar en el segundo palo.

Utiliza los cinco ejercicios en una sesión que se centra en el remate tranquilo y controlado. Podríamos incluso llamarla "Sesión Salenko"...

El final... ¡casi!

Las críticas no son fáciles de conseguir.

Como autor independiente con un presupuesto de marketing minúsculo, dependo de los lectores, como tú, para que dejen una breve reseña en Amazon.

Aunque sólo sean una o dos frases.

Así que, si te ha gustado el libro, por favor...

Agradezco mucho tu crítica, ya que realmente marca la diferencia.

Gracias de todo corazón por comprar este libro y leerlo hasta el final.

ent}
Anexo

¿Un Mundial diferente? Qatar 2022

No podremos escapar a las polémicas del próximo torneo. El intenso calor y el hecho de que las temporadas nacionales se hayan suspendido para dar cabida a la competición. Los problemas y las preocupaciones que suscita la construcción de los estadios, y las dificultades que afrontan los aficionados que se desplazan al Estado del Golfo.

Aun así, podemos esperar que todo salga bien. Que la FIFA tenga razón al conceder oportunidades a una nación sin una gran historia deportiva, o incluso sin reputación en el fútbol (actualmente con una cuota de 350 a 1 para levantar el trofeo, en el momento de escribir este libro).

Podemos cruzar los dedos para que los hinchas se diviertan, y el tiempo sea lo suficientemente fresco como para permitir partidos emocionantes y rápidos.

¿Quién ganará? Si estás leyendo esto porque te ha llegado como regalo de Navidad, entonces ya lo sabrás. Pero, aun así, sigue leyendo y tómate un momento para reírte del análisis que presentamos a continuación. Sin embargo, para los que seguimos esperando la final, podemos decir que ésta es seguramente la competición más abierta desde hace años. Francia no es el equipo de hace cuatro años, a pesar de que todavía cuenta con algunos buenos jugadores.

Brasil parte, marginalmente, como favorito, pero eso se debe probablemente tanto a que es Brasil como a cualquier otro factor. Alemania está mejorando, pero éste ha sido su conjunto de jugadores menos eficaz en muchas décadas. La generación dorada de Bélgica se está convirtiendo en su generación canosa, aunque tiene los jugadores necesarios para vencer a cualquiera en sus días. Inglaterra se ha convertido en un equipo fuerte del torneo bajo el régimen de Gareth Southgate, pero su forma actual es pobre. Tal vez el equipo más fuerte de la competición sea Argentina porque tiene la combinación de talento de clase mundial junto con la buena forma actual. No han perdido desde 2019... pero empatan mucho, y eso puede ir en su contra cuando llegue a las fases eliminatorias. España, Holanda, Portugal y la defensivamente fuerte pero ofensivamente envejecida Uruguay tienen oportunidades respetables. O quizás sea el momento de que un equipo de la zona media de la excelencia deportiva dé un paso adelante, como casi consiguió Croacia en 2018. Es difícil que este grupo de talentos envejecidos dé un paso más en esta ocasión, pero tres equipos en particular podrían dar la sorpresa. Senegal será difícil de superar, y en Sadio Mané tiene un jugador capaz de ganar cualquier partido. Los otros dos equipos a los que hay que prestar atención son Dinamarca y Suiza. Cada uno de ellos cuenta con una estructura eficiente, está bien entrenado y no cuenta con estrellas. Son el tipo de equipos que pueden avanzar en sus grupos, gracias a una victoria y un par de empates, y luego colar un 1-0 y una victoria en la tanda de penaltis para llegar a las semifinales.

Y a partir de ahí, como se suele decir, el torneo es para cualquiera. (Excepto, por supuesto, para los veintiocho equipos que ya habrán sido expulsados).

Esperamos con la respiración contenida.